职业教育新能源汽车专业理实一体化教材

新能源汽车维护与保养

天津职业技术师范大学汽车职业教育研究所　组编

主　编　包丕利
副主编　李　创　何泽刚
参　编　申荣卫　李　平　陆志琴

机械工业出版社

本书是采用"基于工作过程"的方法进行编写的,内容以典型工作任务为载体进行组织,主要包括新能源汽车维护基础和纯电动汽车维护与保养两个学习情境,每个学习情境包含若干学习单元。每个学习单元以实际工作任务进行导入,理论部分包含共性知识和个性知识,实践技能部分以北汽 EV160 车型为例展开。为便于理实一体化教学的实施,每个学习单元配有任务工单,用于引导学生进行实践操作。

为方便职业院校开展一体化教学和信息化教学,本书配套了"新能源汽车专业信息化教学网络平台",借助该平台,教师可开展线上和线下教学活动,平台上为每个学习单元开发了教学设计、教学课件、任务工单、教学录像、操作视频、教学动画等丰富的教学资源(部分收费)。如需要可联系作者邮箱:463243836@qq.com。

本书可作为职业院校新能源汽车专业的教学用书,也可以供新能源汽车技术培训机构使用,同时也可作为新能源汽车从业人员的学习参考书。

图书在版编目(CIP)数据

新能源汽车维护与保养/包丕利主编. —北京:机械工业出版社,2018.3
(2025.1 重印)
职业教育新能源汽车专业理实一体化教材
ISBN 978-7-111-58935-8

I. ①新… Ⅱ. ①包… Ⅲ. ①新能源-汽车-车辆修理-高等职业教育-教材②新能源-汽车-车辆保养-高等职业教育-教材 Ⅳ. ①U469.7

中国版本图书馆 CIP 数据核字(2018)第 032565 号

机械工业出版社(北京市百万庄大街 22 号 邮政编码 100037)
策划编辑:于志伟 责任编辑:于志伟
责任校对:张 力 封面设计:鞠 杨
责任印制:邸 敏
中煤(北京)印务有限公司印刷
2025 年 1 月第 1 版第 14 次印刷
184mm×260mm・9.25 印张・217 千字
标准书号:ISBN 978-7-111-58935-8
定价:39.90 元

凡购本书,如有缺页、倒页、脱页,由本社发行部调换

电话服务	网络服务
服务咨询热线:010-88379833	机 工 官 网:www.cmpbook.com
读者购书热线:010-88379649	机 工 官 博:weibo.com/cmp1952
	教育服务网:www.cmpedu.com
封底无防伪标均为盗版	金 书 网:www.golden-book.com

职业教育新能源汽车专业理实一体化教材

编写委员会

编委会顾问
朱 军　王仁广　王 斌　张宪科　陆小珊

编委会主任
申荣卫

编委会成员
周 毅　孔 超　包丕利　何泽刚　宋建锋
台晓虹　冯勇鑫　王青斌　吕双玲　张 岩

前言

Preface

  2016年，我国新能源汽车产销规模超过50万辆，保有量超过100万辆，连续第二年居世界首位，我国新能源汽车产业已走在世界前列。2015年，《〈中国制造2025〉重点领域技术路线图（2015年版）》正式发布，明确提出纯电动和插电式混合动力汽车、燃料电池汽车是我国未来在新能源汽车领域的重点发展方向。2016年中国汽车工程学会《节能与新能源汽车技术路线图》的发布，再次为新能源汽车技术发展提出了更为明确的思路和路径。

  由教育部、人力资源和社会保障部、工业和信息化部联合印发的《制造业人才发展规划指南》指出，2015年节能与新能源汽车人才总量在17万人。预计到2020年，节能与新能源汽车人才总量将达到85万人，缺口人数为68万人。目前，我国职业院校肩负着培养新能源汽车技术技能人才的历史重任。在中国汽车工程学会汽车应用与服务分会的指导下，天津职业技术师范大学汽车职业教育研究所在参与完成教育部"新能源汽车行业人才需求与职业院校专业设置指导报告"课题的基础上，组织汽车专业一线教师编写了本套理实一体化教材。

  本书采用"基于工作过程"的方法进行开发。在对新能源汽车技术技能人才岗位进行调研的基础上，分析出岗位典型工作任务，然后根据典型工作任务提炼了行动领域，在此基础上构建了工作过程系统化的课程体系。为方便职业院校开展一体化教学和信息化教学，本书配套了"新能源汽车专业信息化教学网络平台"，借助该平台，教师可开展线上和线下教学活动，平台上为每个学习单元开发了教学设计、教学课件、任务工单、教学录像、操作视频、教学动画等丰富的教学资源（部分收费）。

  本书主要内容包括新能源汽车维护基础和纯电动汽车维护与保养两个学习情境，每个学习情境包含若干学习单元。本书全部内容均在实车上进行了验证。

  本书由天津职业技术师范大学包丕利担任主编，上海市大众工业学校李创、天津交通职业学院何泽刚担任副主编，天津职业技术师范大学申荣卫、成都汽车职业技术学校李平、鄞州职业高级中学陆志琴参与编写。

  在本书编写过程中，山东星科智能科技股份有限公司（http：//wpb.ixueto.com/）提供了大量设备支持，在此表示衷心的感谢。在编写过程中还参考了大量国内外相关著作和文献资料，在此一并向有关作者表示感谢。

  由于编者水平有限，本书难免有错漏之处，敬请读者批评指正。

编　者

Contents

前言

学习情境 1　新能源汽车维护基础 ··· 1
　　学习单元 1.1　新能源汽车维护认知 ·· 2
　　任务工单 1.1 ·· 13
　　学习单元 1.2　5S/7S 管理制度 ·· 15
　　任务工单 1.2 ·· 22
　　学习单元 1.3　车间安全与环保 ·· 25
　　任务工单 1.3 ·· 38
　　学习单元 1.4　新能源汽车维护接待 ·· 41
　　任务工单 1.4 ·· 56
　　学习单元 1.5　新车交付检查 ·· 59
　　任务工单 1.5 ·· 70

学习情境 2　纯电动汽车维护与保养 ··· 73
　　学习单元 2.1　动力电池维护与保养 ·· 74
　　任务工单 2.1 ·· 85
　　学习单元 2.2　驱动及冷却系统维护与保养 ······································ 88
　　任务工单 2.2 ·· 99
　　学习单元 2.3　纯电动汽车底盘维护与保养 ······································ 101
　　任务工单 2.3 ·· 109
　　学习单元 2.4　空调系统维护与保养 ·· 112
　　任务工单 2.4 ·· 120
　　学习单元 2.5　纯电动汽车车身维护与保养 ······································ 123
　　任务工单 2.5 ·· 135

《新能源汽车维护与保养》 理实一体化教室布置图 ································ 138

参考文献 ··· 139

学习情境 1
新能源汽车维护基础

> **学习目标**

- 能快速定位自己的工作岗位，并接受相应的管理制度约束；
- 能识别纯电动汽车各系统组成及安装位置；
- 能正确规范地使用车间及个人安全防护用具；
- 能正确规范地完成纯电动汽车下、上电作业；
- 能规范地完成纯电动汽车维修接待工作；
- 能规范地完成新车 PDI 检查。

学习单元1.1　新能源汽车维护认知

小王在某新能源汽车4S店进行实习,师傅接了一辆车,进行维护作业后告知小王需将维护里程清零。你知道如何进行维护里程清零吗?

1. 能明确动力电池及充电系统的安装位置及维护内容。
2. 能明确驱动及冷却系统的安装位置及维护内容。
3. 能明确纯电动汽车底盘的维护内容及特点。
4. 能明确纯电动汽车空调系统的安装位置及维护内容。
5. 能明确纯电动汽车车身的维护内容。
6. 能进行维护里程清零。

汽车维护是指保持和恢复汽车的技术性能,保证汽车具有良好的使用性和可靠性;具体来说是指定期对汽车相关部分进行检查、清洁、补给、润滑、调整或更换某些零件的预防性工作,又称汽车保养。汽车维护的目的是保持车容整洁,技术状况正常,消除隐患,预防故障发生,减缓劣化过程,延长使用周期,同时还能降低能源消耗、减少环境污染。一般来说汽车维护作业一般占维修企业70%左右的工作量。

现代的汽车维护主要包含了对发动机系统、变速器系统、空调系统、冷却系统、燃油供给系统、动力转向系统等的维护。纯电动汽车的维护与传统汽车的维护略有不同,没有发动机系统、燃油供给系统的维护,增加了动力电池系统、充电系统、直流电压变换器(DC/DC)等的维护。总体来说维护内容有所减少,维护费用下降。

1.1.1　汽车维护与修理的关系

汽车修理是指为恢复汽车各部分规定的技术状况和工作能力所进行的活动的总称。修理是指汽车有形损耗的补偿,它包括故障诊断、拆卸、鉴定、更换、修复、装配、磨合、试验等作业。汽车修理作业一般占维修企业30%的工作量。

汽车维护是一种计划预防制度,就是在汽车行驶到规定的维护周期时,必须按照规定强制进行维护。汽车维护作业必须保证维护质量,但维护作业时不准对汽车主要总成进行大拆,只有在发生故障需要解体时,才允许解体。

1. 汽车维护与修理的区别

(1) 作业技术措施不同　维护以计划预防为主,通常采取强制实施作业;而修理是按需要进行的作业。

(2) **作业时间不同** 维护通常是在车辆发生故障之前进行作业；而修理是车辆发生故障之后进行作业。

(3) **作业目的不同** 维护通常是降低零部件磨损速度，预防故障发生，延长汽车使用寿命；而修理通常是修理出现故障或失去工作能力的部件、总成，恢复汽车的技术状况、工作能力，从而达到延长使用寿命的目的。

2. 汽车维护与修理的联系

汽车维护与汽车修理是密切相关的，在修理中有维护作业、在维护中也有修理作业。在车辆维护的过程中可能会发现某一部位或零部件有发生故障或损坏的前兆，因而可以利用维护的时机对其进行修理。而在修理的过程中，对一些没有损坏的机件也要进行维护。

因此汽车维护和汽车修理的关系是辩证的，在日常活动中，要处理好两者之间的关系，坚持以维护为主，克服"以修代保"的错误观念。

1.1.2 汽车维护的目的

随着现代汽车制造业的不断进步，新技术、新工艺、新材料得到了广泛应用，使得汽车的性能和使用寿命都有很大程度的提高。但无论汽车的性能多么卓越，随着行驶里程的增加，汽车零部件都会逐渐产生磨损，技术状况会不断下降，这是不可避免的。

图1-1-1是零件磨损随行驶里程的变化曲线，从图中可以看出，零件磨损分为三个阶段：

1. 磨合期（OA/Oa 段）

由于新零件及修复件表面较为粗糙，工作时零件表面的凸起点会划破油膜，在零件表面上产生强烈的刻划、粘接等作用，同时从零件表面上脱落下来的金属及氧化物颗粒会引起严重的磨料磨损。所以该阶段的磨损速度较快，随着磨合时间的增长，零件表面质量不断提高，磨合速度相应降低。

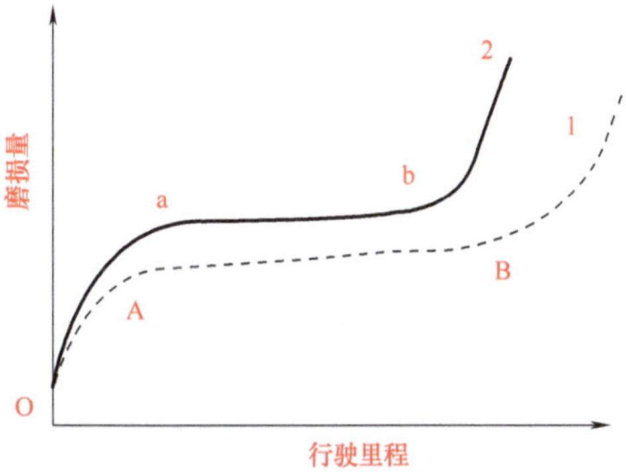

2. 正常工作期（AB/ab 段）

经过磨合期的磨合，零件的表面粗糙度降低，适油性及强度增加，所以在正常工作期零件的磨损变得非常缓慢。

图1-1-1 汽车零件磨损随行驶里程的变化曲线
1—使用方法得当、维护适时的磨损曲线
2—使用方法不当、维护不及时的磨损曲线

3. 极限磨合期（B/b 点以后）

磨损的不断积累，造成的极限磨损期零件的配合间隙过大，油压降低，正常的润滑条件被破坏，零件之间的相互冲击也随着增加，零件的磨损急剧上升，此时如不及时进行调整或修理，会造成事故性损坏。

由图中还可以看出，在相同的里程内，情况1（虚线）的磨损量就比情况2（实线）的小，其使用寿命就比情况2的长。由此可见，只有根据磨损规律制订切实可行的维护措施，才能使汽车零部件保持完好的技术状态，这便是汽车维护的意义所在。

汽车维护的目的在于保持车容整洁、车况良好，及时发现和消除故障隐患，可以有效地延长汽车的使用寿命，防止车辆早期损坏，从而达到下列要求：

1）车辆经常处于良好的技术状况，随时可以出车；

2）在合理使用条件下，不会因机件损坏而影响行车安全；
3）在运行过程中，降低燃料、润滑油以及配件和轮胎的磨损；
4）减少车辆噪声和排放污染物对环境的污染；
5）各部总成的技术状况尽量保持均衡，以延长汽车大修间隔里程。

1.1.3 汽车维护的分类与周期

1. 汽车维护的分类

在汽车的使用过程中，由于汽车新旧程度、使用地区条件的不同，在各个时期对汽车维护的作业项目也不同。汽车维护一般可分为定期维护和非定期维护两大类。定期维护分为日常维护、一级维护和二级维护三类；非定期维护可分为按需维护（季节性维护）和免拆维护（新型维护方法）两类。现代汽车各类维护作业见表1-1-1。

表1-1-1 汽车维护的种类及作业范围

维护种类		作业范围
定期维护	日常维护	日常维护作业以清洁、补给和安全检视为中心内容： ① 坚持"三检"，即在出车前、行车中、收车后检视车辆的安全机构及各机件连接的紧固情况 ② 保持"四洁"，即保持润滑油、空气、燃油滤清器和蓄电池的清洁 ③ 防止"四漏"，即防止漏水、漏油、漏气和漏电
	一级维护	一级维护作业内容除日常维护作业外，以清洁、润滑和紧固为主，并检查与制动、操纵等安全性相关的部件
	二级维护	二级维护作业内容除一级维护作业外，以检查和调整转向节、转向节臂、制动蹄片、悬架等经过一定时间的使用后容易磨损或变形的部件为主，并拆检轮胎，进行轮胎换位
非定期维护	按需维护（季节性维护）	由于冬夏两季的温差大，为使车辆在冬夏两季都能够合理使用，在换季之前应结合定期维护并附加一些相应的项目，使汽车适应气候变化后的运行条件，此种附加性的维护称为季节性维护
	免拆维护（新型维护方法）	免拆维护是指在突出"不解体"的前提下，用专用设备及保护用品对燃油系统、冷却系统、润滑系统、制动系统、自动变速器等进行的清洁和补给维护

2. 汽车维护的周期

汽车维护周期是指汽车进行同级维护之间的间隔期（行驶里程或时间）。我国国家标准《汽车维护、检测、诊断技术规范》（GB/T 18344—2016）关于汽车维护周期的规定如下：

1）日常维护的周期为出车前、行车中和收车后。

2）汽车一、二级维护周期的确定，应该以汽车的行驶里程或时间为基本依据。汽车一、二级维护行驶里程依据车辆使用说明书的有关规定，同时依据汽车使用条件的不同，由省级交通行政主管部门规定。

3）一、二级维护时间间隔，对于不便用行驶里程统计、考核的汽车，可用行驶时间间隔确定一、二级维护周期。其时间（天）间隔可依据汽车使用强度和条件的不同，参照汽车一、二级维护里程周期确定。

3. 北汽 EV160 纯电动汽车的维护周期

北汽 EV160 纯电动汽车的维护周期（见表 1-1-2）是以汽车累计行驶里程（10000km）为参考的，分为 A 级维护与 B 级维护。根据整车驾驶性能及供应商要求，整车将在维护时进行软件更新。

表 1-1-2 北汽 EV160 纯电动汽车的维护周期

类 别	维护项目	累计行驶里程/km					
		10000	20000	30000	40000	50000	以此类推
A 级维护	全车维护	√		√		√	
B 级维护	高压、安全检查维护		√		√		√

1.1.4 新能源汽车的维护安全

1. 高压安全操作原则

1）坚持"以人为本、安全第一"的操作原则，确保人身安全与车辆安全。在制订安全防范措施的时候，要优先考虑人身安全，即使发生不可预见的事故、系统崩溃，也要保证人身安全。

2）从系统设计到部件的选型、加工工艺、质量检验及维护操作都应严格按有关电动汽车的国家标准执行。

2. 人员要求

1）新能源汽车高压操作人员必须具有相应的操作资质（如低压电工证），严禁没有操作资质的人员对新能源汽车高压系统进行操作。在操作人员上岗前必须对其进行安全操作培训，严格执行安全操作规范。

2）操作人员上岗时不得佩戴金属饰品、饰物，如手表、戒指等，工作服衣袋内不得装有金属物件，如钥匙、硬币、手机等。

3）操作人员不得把与工作无关的工具带入场地。必要的金属工具，在其手持部位应做绝缘处理。

4）每次接通高压电源之前，操作人员应检查各高压元器件周边有无杂物，通知无关人员远离上述部位，接通高压时要高声提示。

3. 维护作业要求

1）对高压元器件进行拆卸、检查、维修时，应先切断高压回路。

2）车辆长时间停放时，应每周检查一次动力电池状态，防止电池漏电。

1.1.5 北汽 EV160 纯电动汽车维护注意事项

1. 维修、维护作业前的准备工作

1）用干净的布或塑料罩盖住所有的涂漆面和座椅，以免落上灰尘或被刮擦。

2）在维修高压部件时，禁止带电作业。

3）维修高压部件时，先将车钥匙置于 OFF 位置，并断开蓄电池负极电缆。

4）在维修高压部件时，使用高压绝缘胶垫。

2. 维修、维护作业中的注意事项

1）注意作业安全，同时还应专注于工作。当抬起前轮或后轮时，应牢牢挡住其余车

轮。工作要由两名或更多工作人员完成时，尽可能经常相互沟通。

2）拆卸或拆解零件前，必须对它们进行仔细检查，以查出需要维修的原因。要遵守所有安全说明和注意事项，并遵循维修手册中介绍的相应步骤。

3）对拆下的所有零件做标记，或将它们按顺序放在零件架中，以便可将它们重新装配到原来的位置。

4）如果规定要使用专用工具，则必须使用。

5）按照规定，在零件上涂抹或填充指定的润滑脂。拆解后用溶剂清洗所有拆下的零件。

6）零件必须按照既定的维修标准，以适当的力矩进行装配。当拧紧一组螺栓或螺母时，从中心或大直径螺栓开始，分两步或更多步以交叉方式来拧紧它们。

7）重新装配零件时，必须更换新垫片、衬垫、O形圈和开口销。

8）使用纯正的零件和润滑剂。要重复使用这些物品时，必须认真检查这些零件，确保它们没有损坏或品质下降，且使用状况良好。

9）为系统加注制动液时，要特别注意防止灰尘和污物进入系统。

10）在维护、维修作业时，禁止水等异物进入前机舱内。

11）避免将润滑油或润滑脂落到橡胶件和管路上。

3. 维修、维护作业后的检查工作

1）装配后，检查每个零件的安装和工作情况是否正确。

2）更换制动液、制动摩擦片后要至少进行一次完全制动。

实践技能

1.1.6 北汽 EV160 纯电动汽车的维护内容

纯电动汽车由于不存在发动机而是由动力电池为动力源，而且动力传递系统也和传统汽车有很大差异，因此其维护项目也和传统汽车有很大的差异。北汽 EV160 纯电动汽车的维护项目主要可以分为对动力电池与充电系统、驱动及冷却系统、转向系统、制动系统、行驶系统、电动空调系统及车身的维护。

1. 动力电池及充电系统的维护内容

动力电池是电动汽车的动力源，是能量的存储装置，其性能的好坏直接关系到电动汽车的使用安全性和续驶里程。动力电池及充电系统的维护主要涉及安全检查、紧固件检查、标识检查、动力电池检查和充电功能检查。北汽 EV160 纯电动汽车动力电池及充电系统的维护内容见表 1-1-3。

表 1-1-3 北汽 EV160 纯电动汽车动力电池及充电系统的维护内容

系　　统	检查内容	处理方法	A 级维护	B 级维护
动力电池	安全防护及绝缘	检查并视情况处理	√	√
	插接件状态	同上	√	√
	标识	同上		√

（续）

系　　统	检查内容	处理方法	A 级维护	B 级维护
动力电池	螺栓紧固力矩	同上		√
	动力电池加热功能	同上		√
	外部检查	清洁处理	√	
	数据采集	检查并视情况处理	√	√
充电系统	充电口及高压线	检查并视情况处理	√	√
	车载充电机功能测试	同上	√	√
	DC/DC 功能	检查输出电压并处理	√	√
	快充口绝缘检测	测量快充口绝缘电阻	√	√

北汽 EV160 纯电动汽车动力电池位置如图 1-1-2 所示，充电口位置如图 1-1-3 所示。

图 1-1-2　北汽 EV160 纯电动汽车动力电池位置

图 1-1-3　北汽 EV160 纯电动汽车充电口位置

车载充电机、DC/DC 的位置如图 1-1-4 所示。

2. 驱动及冷却系统的维护内容

纯电动汽车的驱动系统主要包括驱动电机及其控制系统、变速器及驱动桥。冷却系统主要包括是冷却驱动电机、电机控制器、车载充电机、DC/DC 等发热部件。驱动及冷却系统的维护主要涉及高压绝缘测试及安全系统检查、机舱及底盘各高压线束防护、紧固件检查、变速器油检查、传动轴检查、轮胎检查、冷却液液位及冰点检查、冷却管路及水泵检查、散热器检查等。北汽EV160纯电动汽车驱动及冷却系统的维护内容见表1-1-4。

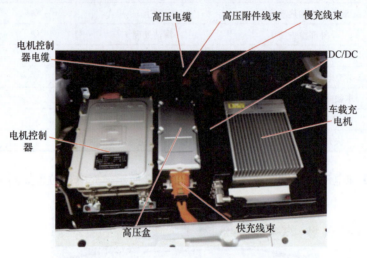

图 1-1-4 北汽 EV160 纯电动汽车前机舱

表 1-1-4 北汽 EV160 纯电动汽车驱动及冷却系统的维护内容

系统	检查内容	处理方法	A 级维护 项目	A 级维护 配件及材料	B 级维护 项目	B 级维护 配件及材料
驱动系统	高压绝缘测试及安全系统	检查并视情况处理	√		√	
驱动系统	驱动系统各高压线束防护	检查并视情况处理	√		√	
驱动系统	减速驱动桥总成	检查渗漏	√	更换减速器油	√	检查油位并视情况添加
驱动系统	传动轴	检查球笼防尘套	√		√	
驱动系统	紧固件	检查并视情况处理	√		√	
冷却系统	冷却液液位及冰点	检测液位、冰点测试	√	更换冷却液	√	视情况添加冷却液
冷却系统	水泵及冷却管路	检查渗漏情况并视情况处理	√		√	
冷却系统	散热器	检查并清洁	√			

北汽EV160纯电动汽车驱动及冷却系统位置如图1-1-5所示,图中对应的冷却系统驱动电机、电机控制器及高压控制盒的冷却方式是水冷,DC/DC和车载充电机的冷却方式是风冷。也有部分车型将高压控制盒、DC/DC和车载充电机集成在一起采用水冷系统的,如图1-1-6所示。

3. 纯电动汽车底盘的维护内容

纯电动汽车底盘的维护对象主要包括转向系统、制动系统和行驶系统,其主要维护内容涉及转向横拉杆防尘套、电动助力转向功能测试、制动液液位检查、真空泵及控制器、制动摩擦片前后悬架及轮胎等。

北汽EV160纯电动汽车转向、制动及行驶系统的维护内容见表1-1-5。

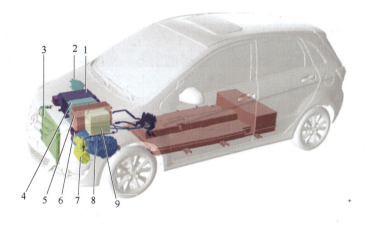

图 1-1-5　北汽 EV160 纯电动汽车透视图
1—电机控制器　2—整车控制器（VCU）　3—散热器　4—高压控制盒
5—DC/DC　6—驱动电机　7—制动真空泵　8—减速器　9—车载充电机

图 1-1-6　高压控制盒、DC/DC 和车载充电机集成

表 1-1-5　北汽 EV160 纯电动汽车转向、制动及行驶系统的维护内容

系　　统	检查内容	处理方法	A 级维护		B 级维护	
			项目	配件及材料	项目	配件及材料
转向系统	紧固件	检查并视情况处理	√		√	
	转向横拉杆防尘套	检查并视情况处理	√		√	
	电动助力转向功能	路试并视情况处理	√			
制动系统	驻车制动器	检查并视情况处理	√		√	
	制动液	液位检查	√	更换制动液	√	视情况添加
	真空泵及控制器	检漏并视情况处理	√		√	
	制动摩擦副	检查并视情况处理	√		√	
	制动管路及分泵	检漏	√		√	

(续)

系　　统	检查内容	处理方法	A 级维护		B 级维护	
			项目	配件及材料	项目	配件及材料
行驶系统	副车架及各紧固件	检查拧紧	√			
	前后弹簧、减振器	检查弹簧弹性、减振器渗漏等	√	视情况更换		
	轮胎	检查胎压	√		√	

制动真空泵位置见图 1-1-5，制动真空泵及真空罐实物如图 1-1-7 所示。

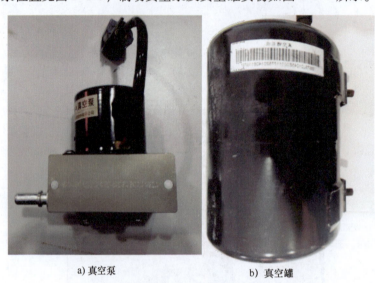

a) 真空泵　　　　　　b) 真空罐

图 1-1-7　制动真空泵及真空罐

4. 电动空调系统的维护内容

电动空调系统主要包括一体式电动压缩机及控制器（图 1-1-8）、PTC 加热器、空调制冷管路等，其主要维护内容涉及电动压缩机异响检查，电动压缩机绝缘测试，空调冷、暖风功能测试，压缩机及控制器各连接线束的检查，空调管路的连接及固定，空调制冷排水口检查以及空调滤芯的检查及更换等。北汽 EV160 纯电动汽车电动空调系统的维护内容见表 1-1-6。

图 1-1-8　电动压缩机及控制器

表1-1-6 北汽EV160纯电动汽车电动空调系统的维护内容

系统	检查内容	处理方法	A级维护		B级维护	
			项目	配件及材料	项目	配件及材料
制冷系统	电动压缩机检查	检查异响	√		√	
	绝缘性检查	检查电动压缩机绝缘电阻	√			
	制冷功能测试	测试并处理	√			
	线束及插接件	检查并视情况处理	√		√	
	管路及固定件	检查并视情况处理	√			
	制冷排水口	检查并视情况处理	√			
	空调滤芯	检查并视情况处理	√	更换空调滤芯	√	清洁
制暖系统	暖风功能测试	测试并处理	√		√	

5. 纯电动汽车车身的维护内容

车身的主要维护对象有灯光组、安全带及气囊、车身电器、车身各铰链点及锁扣等。北汽EV160纯电动汽车车身的维护内容见表1-1-7。

表1-1-7 北汽EV160纯电动汽车车身的维护内容

系统	检查内容	处理方法	A级维护		B级维护	
			项目	配件及材料	项目	配件及材料
车身	照明灯	检查并调整	√	视情况更换		
	信号灯	检查并视情况处理	√	视情况处理	√	视情况处理
	座椅安全带	检查测试并处理	√	视情况更换		
	刮水器及洗涤剂	检查并视情况处理	√	添加风窗洗涤剂①	√	添加风窗洗涤剂
	收音机	检查并视情况处理	√	视情况处理		
	导航	检查并视情况处理	√	视情况处理		
	喇叭	检查并视情况处理	√	视情况更换		
	天窗	检查并视情况处理	√		√	
	门窗铰链	检漏并视情况处理	√		√	
	机舱铰链及锁扣	检查并视情况处理	√		√	
	行李箱锁扣	检查并视情况处理	√		√	

① 冬季时要测量洗涤液冰点。

1.1.7 北汽EV160纯电动汽车维护周期清零

当维护作业完成后要进行维护周期指示器复位。维护周期指示器复位的作业流程为：
1）打开车门，安装三件套。
2）拉紧驻车制动器并踩下制动踏板。
3）起动开关置于ON位置。
4）按动仪表台上的按钮A，如图1-1-9所示，显示屏显示维护里程数，此数值表示距离下次维护的里程。

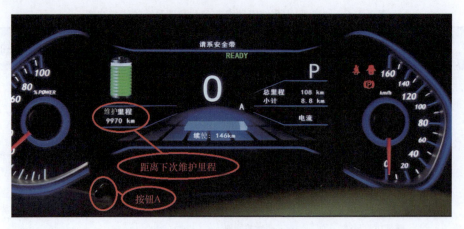

图 1-1-9　维护里程复位按钮

5）按住按钮 A 并保持 10s 以上，直至维护里程复位至 10000km。

6）关闭起动开关并松开制动踏板。

单元小结

1. 汽车维护是指保持和恢复汽车的技术性能，保证汽车具有良好的使用性和可靠性；具体来说是指定期对汽车相关部分进行检查、清洁、补给、润滑、调整或更换某些零件的预防性工作，又称汽车保养。汽车维护作业一般占维修企业 70% 左右的工作量。

2. 汽车维护的目的在于保持车容整洁、车况良好，及时发现和消除故障隐患，可以有效地延长汽车的使用寿命。

3. 现代的汽车维护主要包含了对发动机系统、变速器系统、空调系统、冷却系统、燃油系统、动力转向系统等的维护。北汽 EV160 纯电动汽车的维护项目主要可以分为对动力电池与充电系统、驱动及冷却系统、转向系统、制动系统、行驶系统、空调系统及车身的维护。

任务工单1.1

任务名称	新能源汽车维护认知	学时	4	班级	
学生姓名		学生学号		任务成绩	
实训设备、工具及仪器	多媒体教学设备1套、北汽EV160纯电动汽车4辆。	实训场地	理实一体化教室	日期	
客户任务描述	一辆北汽EV160纯电动汽车,距离下次维护还有200km。现在要30000km维护作业。				
任务目的	能明确北汽EV160纯电动汽车的维护内容以及其与内燃机汽车维护的区别。能够完成维护里程清零任务。				

一、资讯

1. 汽车维护是指_____汽车的技术性能,保证汽车具有良好的_____;具体来说是指定期对汽车相关部分进行检查、清洁、补给、润滑、调整或更换某些零件的_____工作,又称汽车保养。

2. 汽车修理是指_____。修理是指_____,它包括故障诊断、拆卸、鉴定、更换、修复、装配、磨合、试验等作业。

3. 汽车维护的目的在于保持车容整洁、_____,及时发现和消除_____,可以有效地延长汽车的_____,防止车辆早期损坏,从而达到下列要求:

 1) _____,随时可以出车;
 2) 在合理使用条件下,不会因机件损坏而影响_____;
 3) 在运行过程中,降低燃料、润滑油以及配件和轮胎的磨损;
 4) 减少车辆噪声和排放污染物对环境的污染;
 5) 各部总成的技术状况尽量保持均衡,以延长_____。

4. 现代的汽车维护主要包含了对_____、_____、空调系统、冷却系统、_____、动力转向系统等的维护。纯电动汽车由于不存在发动机而是由_____为动力源,而且动力传递系统也和传动汽车有很大差异;因此其维护项目也和传统汽车有很大的差异,北汽EV160纯电动汽车的维护项目主要可以分为对_____、_____、转向系统、制动系统、行驶系统、_____及车身的维护。

二、计划与决策

请根据任务要求,确定所需要的检测仪器、工具,并对小组成员进行合理分工,制订详细的工作计划。

1. 需要的检测仪器、工具

2. 小组成员分工

3. 计划

三、实施

1. 北汽EV160纯电动汽车的维护内容
(1) 动力电池及充电系统
动力电池标示有:_____。
动力电池型号为:_____。

慢充口位置：_____，快充口位置：_____。
北汽 EV160 纯电动汽车充电系统由：_____
_____组成。
车载充电机型号为：_____。
DC/DC 型号为：_____。
（2）驱动及冷却系统
电机控制器型号为：_____，冷却方式为_____。
驱动电机型号为：_____，冷却方式为_____。
冷却液型号为：_____。
（3）汽车底盘
北汽 EV160 纯电动汽车转向系统是_____转向系统。
北汽 EV160 纯电动汽车制动系统是真空助力制动系统，前轮采用_____制动器，后轮采用_____制动器；制动真空泵型号为：_____，在_____位置。
北汽 EV160 纯电动汽车前悬架为_____悬架，后悬架为_____悬架，轮胎的型号为_____。
（4）电动空调
电动压缩机的位置在：_____，型号为：_____。
空调制冷剂为：_____，冷冻油型号为：_____。
2. 北汽 EV160 纯电动汽车维护周期清零
1）打开车门；
2）安装三件套；
3）拉紧驻车制动器；
4）踩下制动踏板；
5）起动开关置于 ON 位置；
按动仪表台上的按钮 A，显示屏显示维护里程数数值为_____，表示_____。
按住按钮 A 并保持_____ s 以上，直至维护里程复位至 10000km。

四、检查
1. 检查动力电池型号：_____。
2. 检查 DC/DC 型号：_____。
3. 检查驱动电机型号：_____。
4. 检查电机控制器：_____。
5. 检查电动压缩机型号：_____。
6. 检查维护里程：_____。

五、评估
1. 请根据自己任务完成的情况，对自己的工作进行自我评估，并提出改进意见。
1）_____
_____。
2）_____
_____。
3）_____
_____。
2. 工单成绩（总分为自我评价、组长评价和教师评价得分值的平均值）

自我评价	组长评价	教师评价	总分

学习单元 1.2 5S/7S 管理制度

任务导入

小王刚到某新能源汽车 4S 店工作，第一天上班时经理告诉他本 4S 店实行的是 5S 管理制度，让他一定要遵守。你知道什么是 5S 管理制度吗？

学习目标

1. 能根据实训室的功能确定实训室的物资、设备配备情况。
2. 能根据实训室的实训项目设计实训室格局。
3. 能根据设备的使用特点和使用频率确定其放置位置。
4. 能建立设备档案和设备使用记录。
5. 能对实训室的污染源提出改进措施。
6. 能根据自己的理解对实训室进行的管理制度提出改进意见。

理论知识

俗话说"没有规矩，不成方圆"，制度就是规矩。制度是一个组织内大家共同遵守的行为规范，它可以保证组织有效运转，是达成组织目标的可靠保证，也是实现公平、公正、公开的必要条件。

制度的重要性体现在：

1）指导性和约束性。制度对相关人员做些什么工作、如何开展工作都有一定的提示和指导作用，同时也明确相关人员不能做什么，以及违背了会受到什么样的惩罚。因此，制度有指导性和约束性的特点。

2）鞭策性和激励性。制度有时就张贴或悬挂在工作现场，随时鞭策和激励着人员遵守纪律、努力学习、勤奋工作。

3）规范性和程序性。制度对实现工作程序的规范化，岗位责任的法规化，管理方法的科学化，起着重大作用。制度的制订必须以有关政策、法律、法令为依据。制度本身要有程序性，为人们的工作和活动提供可供遵循的依据。

1.2.1 5S 管理制度

为了建立使顾客百分百满意的质量保证体系，改进业务流程，缩短作业周期，确保交货，削减库存，减少亏损，积累和提高生产力，提高人才素养和环境安全以及构筑企业文化基础等，现在大部分的汽车 4S 店正在推行 5S 管理制度。

1. 5S 管理制度的内容

（1）整理（Seiri） 在工作现场区别好要与不要的东西，只保留有用的东西，撤除不需要的东西，如图 1-2-1 所示。

(2) 整顿（Seiton） 把要用的东西按规定的位置摆放整齐，并做好标识进行管理，如图1-2-2所示。

图1-2-1 整理（Seiri）

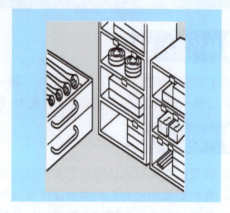

图1-2-2 整顿（Seiton）

(3) 清扫（Seiso） 维持汽车4S店的整洁，将不需要的东西清除掉，保持工作现场无垃圾，无污秽状态，如图1-2-3所示。

(4) 清洁（Seiketsu） 维持以上整理、整顿、清扫后的局面，使工作人员保持整洁卫生，如图1-2-4所示。

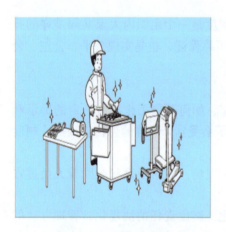

图1-2-3 清扫（Seiso）

图1-2-4 清洁（Seiketsu）

(5) 素养（Shitsuke） 让每个员工都自觉遵守各项规章制度，养成能正确地执行各项决定的良好习惯，如图1-2-5所示。

2. 实施5S管理的效用

5S管理的对象是每一个员工，对个人的行为规范有着深刻的影响，最终目的是要每一个员工形成良好的职业习惯和个人行为，从而提高个人素质，5S管理对人的影响如图1-2-6所示。

图1-2-5 素养（Shitsuke）

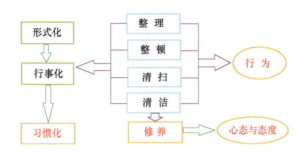

图 1-2-6 5S 管理对人的影响

对于 4S 店来说，5S 管理对个人以及公司的作用是：

(1) 5S 是最佳销售员（Sales） 干净整洁的工厂才会被顾客称赞，才会对这样的工厂有信心，乐于下订单并口碑相传，会有很多人来工厂参观学习。

(2) 5S 是节约家（Saving） 降低很多不必要的材料以及工具的浪费，减少"寻找"的浪费，节省时间，能降低工时，提高效率。

(3) 5S 对安全有保障（Safety） 宽广明亮、视野开阔的职场，物流一目了然，道路明确，不会造成杂乱情形而影响工作的顺畅。

(4) 5S 是标准化的推动者（Standardization） 在三定原则（定位置、定名称、定数量）下进行规范现场作业，大家都正确按照规定执行任务，程序稳定，带来品质稳定。

(5) 5S 形成令人满意的职场（Satisfaction） 员工动手改善明亮、清洁的工作场所，产生成就感。

1.2.2 4S 店售后服务的组织架构

4S 店实行 5S 管理制度的售后服务架构如图 1-2-7 所示。

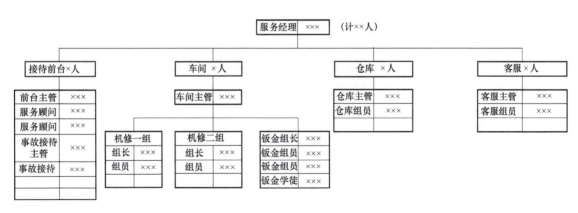

图 1-2-7 4S 店售后服务架构

4S 店中售后服务部门的职责和主要工作任务如下。

1. 前台主管的职责

1) 前台现场督导；

2）值班台值班人员落实；

3）前台5S的落实；

4）当日晚值班人员落实；

5）前台服务流程督察（含预约、三件套、维护提醒贴、旧件展示、电话回访、礼仪等）；

6）前台现场疏导；

7）现场问题应对、客户应对；

8）前台业务工作的分配与督察；

9）前台服务人员的业务培训与教导；

10）售后业绩和"CSI"目标的达成。

"CSI"是指顾客满意度指数（Customer Satisfaction Index），是以顾客满意度程度为基数编制的用以分析顾客满意程度的指数。它是根据顾客对企业提供的产品和服务质量的评价，通过建立数学模型计算得出的。

2. 车间主管的职责

1）车间现场督导（现场检查和教导）；

2）车间5S落实；

3）车间服务流程督察（含维修三件套和零件不落地）；

4）车间现场疏导；

5）现场应对顾客提出的问题；

6）车间业务工作的分配与督察；

7）车间服务人员的技术培训和教导；

8）售后业绩和"CSI"目标的达成。

3. 仓库主管的职责

1）仓库现场督导（现场检查和教导）；

2）仓库5S落实；

3）仓库服务流程督察；

4）仓库业务工作的分配与督察；

5）仓库服务人员的业务、技术培训与教导；

6）库存周转率和配件满足率目标的达成；

7）厂家稽核项目的完成。

4. 客服主管的职责

1）负责客户关系维护与管理，确保客户回访100%，负责4S店整体客户关系管理和信息系统管理；

2）监督客户区域内场地、设施的环境布置，确保其处于完好或可用状态；

3）监控所有与客户直接接触的各岗位人员的服务质量；

4）执行客户回访和客户信息工作管理，并根据反馈意见实施改进；

5）围绕客户满意度，根据相关部门需求，协调开展广告和市场活动；

6）策划并组织实施客户关怀和服务促销活动；

7）定期制作客户关系管理运营绩效报表并汇总服务经理；

8）监督续保客户邀约及达成率。

5. 机修组长的职责

1）负责班组日常管理工作，协助车间主管的工作，对车间主管负责；

2）负责班组成员的作业进度安排，协调组员的作业安排，确保按客户要求准时交车；

3）对组员完工车辆进行检查，确保维修质量；

4）对组员在作业中的故障判断、故障排除、维修操作等进行技术指导，提供帮助，并做检查、监督；

5）组织、带领组员共同解决技术疑难问题，并向车间主管汇报；

6）带领并督促组员完成好每天5S责任区的整理、整顿、清扫、清洁、安全等操作；

7）对组员的工作表现、技术掌握、维护维修任务完成情况进行评定和考核。

6. 维修技工的职责

1）维修技工直接受班组长和车间主管的管理，对车间主管负责；

2）按照来自前台接待的维修单或接车问诊单进行检测或维修，并规范操作；

3）对客户车辆作进一步的故障诊断和检查，并认真、清晰、详尽填写呈批书，交车间主管审核；

4）对维修、维护的车辆，完成作业后必须进行认真的自检，并清洁车内卫生；

5）按维修单的要求正确处理旧件；

6）保持工作场地干净整洁，工具和拆换的零配件摆放整齐；

7）保存所有的索赔配件，配合索赔专员的工作。

1.2.3 5S管理对职业院校学生的作用

1. 职业院校学生的现状

职业院校学生大多数都是初高中毕业生，有较强的厌学情绪、行为习惯失范、组织纪律性差等。

2. 5S管理对职业院校学生素质培养的作用

（1）**能够为学生营造良好的校园环境**　职业院校要高度重视校园自然环境和人文环境建设。加强校园自然环境建设，完善校园文化活动设施。校园的整体环境要做到功能齐全、安全有序、节能环保、室外绿化、室内美化、环境净化。5S管理作为企业管理的一种手段，其重要作用之一就是改善工作环境，提高职工士气。

人改造环境，环境改变人，通过对校园环境的净化、绿化、美化，使学生耳目清新、激发热情；通过对学生宿舍、教室、食堂、实验实习场所进行整理、整顿和清扫，让学生耳濡目染，从而达到潜移默化的效果；通过学生自己动手进行5S作业，让他们在改变现场环境的同时，加深对5S管理的认识，产生"完美"的效果，让学生有一种成就感。

（2）**能够培养学生良好的行为习惯**　所谓习惯，就是逐渐养成而且不易改变的行为。5S管理的目的就是要员工养成一种规范的行为习惯。对于学校来说，教师用5S管理来要求自己，就是树立员工良好的工作和生活习惯；教师用5S管理来要求学生，就是培养学生良好的学习、生活和工作习惯。

（3）**5S管理能够提升学生修身素质**　许多人认为5S管理太简单，只不过就是整理一下物品、打扫一下卫生。但是把简单的事情每天都坚持做完、做好，就非常不简单了。在实习车间，教师要求学生每天实习前，先对实习场地和设备进行清扫，实习结束时，让学生对设备进行清洁、将工具在规定的位置摆放等。目的是让学生养成现代企业所要求的遵章守纪、要求严格、注重细节的作风和习惯，培养良好的职业素养。

(4) 5S管理有利于学生的职位提升 这个时代是一个"以人为本"的时代，企业的核心竞争力归根结底是人才的竞争、管理技术的竞争。学生在就业之前提前养成良好的自我管理的素质，才能在就业后脱颖而出，才能更有竞争力。

1.2.4　7S管理制度

7S活动是企业现场各项管理的基础活动，它有助于消除企业在生产过程中可能面临的各类不良现象。7S活动推行过程中，通过开展整理、整顿、清扫等基本活动，使之成为制度性的清洁，最终提高员工的职业素养。因此，7S活动对企业的作用是基础性的，也是不可估量的。7S活动是环境与行为建设的管理文化，它能有效解决工作场所凌乱、无序的状态，有效提升个人行动能力与素质，有效改善文件、资料、档案的管理，有效提升工作效率和团队业绩，使工序简洁化、人性化、标准化。

7S管理是指：整理（Seiri）、整顿（Seiton）、清扫（Seiso）、清洁（Seiketsu）、素养（Shitsuke）、安全（Safety）、节约（Save），如图1-2-8所示。

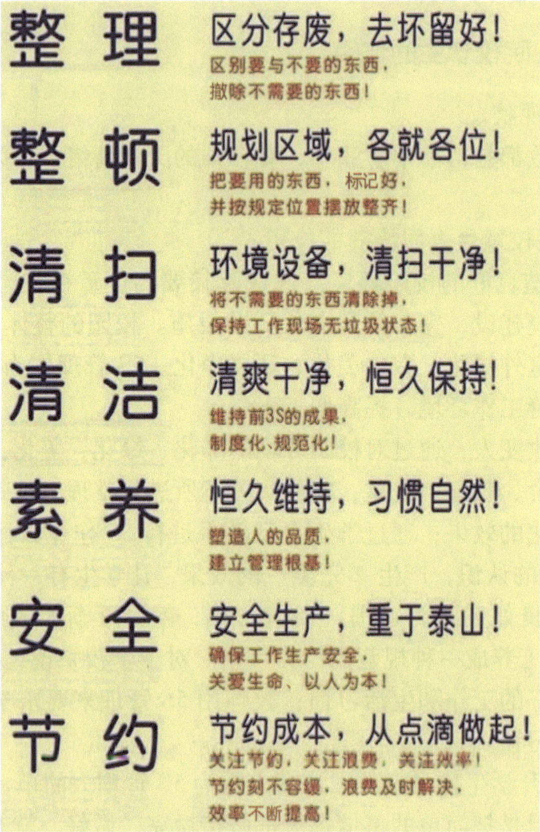

图1-2-8　7S管理内容

1.2.5 实训室的5S管理

1. 实训室的整理

1）明确实训室的功能和要完成的实训项目，根据实训项目确定物资、设备的配比情况，设计好空间格局。

2）检查设备的功能状况，分为正常、可维修和不可维修三类，将不可维修的设备移出实训场地。根据设备的使用特点和使用频率固定放置，要达到保存安全、使用方便的要求。

3）清除实训室内与实训教学无关的物品，最大限度腾出实训室的空间，提高实训室的使用效率。

2. 实训室的整顿

实训室的管理必须规范化、制度化、标准化，任何操作行为都应有制度上的制约。

1）建立设备档案，包括设备型号、生产厂家、出厂日期、购入日期、维护细则等。

2）建立设备操作记录，包括设备名称、操作要点、资产标签、使用记录等。

3）建立设备维护方案，根据实训室自身的特点制订一套可行的维护方案，对每台设备进行相应的维护，对于贵重设备，指定专人进行保管负责。

4）常用工具分组分配，并贴上相应的标签。使用完毕后，进行整理并放到相应的位置。

3. 实训室的清扫、清洁

1）建立详尽的清扫、清洁制度和计划。实训场地课后要进行清扫，每周进行一次彻底清扫。

2）建立严格的检查、监督制度，使每位教师和学生将随时清扫、随时清洁的行为变为一种正常的工作状态。

3）污染源的改善处理。找到实训室的污染源，对污染源进行改善处理或提出改善的措施。

4. 实训室的安全

1）建立、健全安全管理制度。设立安全警戒区、警戒线，作为安全指导。

2）定期进行安全自检，确保师生安全和实训设备安全。

3）分组讨论分析，实训室存在的安全隐患以及不安全因素，提出改进措施。

1. 理解5S管理的内容，明确5S管理制度对企业和对个人发展的促进作用。

2. 了解4S店售后服务的组织结构，明确自己所处岗位的岗位职责，了解自身发展的道路以及提高个人竞争力的方法。

3. 明确管理制度对学校、企业等的作用，理解本校的管理制度，理解这些管理制度对自身发展的重要作用。

4. 能对某实习或实训场所实行的管理制度提出意见和改进措施。

任务工单1.2

任务名称	5S/7S 管理	学时	4	班级	
学生姓名		学生学号		任务成绩	
实训设备、工具及仪器	多媒体教学设备1套、4间实训室,设备和杂物若干、清扫工具若干、工作服若干。	实训场地	理实一体化教室	日期	
客户任务描述	根据实训室的功能,对实训室进行5S管理。				
任务目的	能够规范地完成实训室的整理、整顿、清扫清洁和安全管理及检查等任务。				

一、资讯

1. 制度是一个组织内大家共同遵守的＿＿＿＿＿＿＿＿＿＿＿＿＿＿＿＿＿,可以保证组织有效运转,是达成组织目标的＿＿＿＿＿＿＿＿＿,也是实现公平、公正、公开的＿＿＿＿＿＿＿＿。
2. 5S 管理制度的内容有＿＿＿＿＿、＿＿＿＿＿、＿＿＿＿＿、清洁和＿＿＿＿＿。
3. 5S 管理的对象是＿＿＿＿＿＿,对个人的行为规范有着深刻的影响,最终目的是要每一个员工形成良好的＿＿＿＿＿＿和＿＿＿＿＿＿,从而提高＿＿＿＿＿＿。
4. 对图中未标注名称的给予标注。

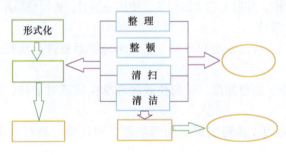

二、计划与决策

请根据任务要求,确定所需要的检测仪器、工具,并对小组成员进行合理分工,制订详细的工作计划。

1. 需要的检测仪器、工具

2. 小组成员分工

3. 计划

三、实施

1. 实训室的 5S 管理

(1) 实训室的整理

实训室的功能：_____。

实训室的设备要求：_____。

实训室的设计格局（画简图）：

与实训室无关的物品有：_____。

(2) 实训室的整顿

设备档案的建立：_____。

设备操作记录本：_____。

制定设备的维护方案：_____
_____。

工具的取用和分配制度：_____。

(3) 实训室的清扫清洁

清扫清洁制度：_____。

检查审核制度：_____。

污染源有哪些：_____。

对污染源提出的改进措施或意见有哪些：_____
_____。

(4) 实训室的安全

安全制度：_____。

设立安全区并画出警戒线（在实训室格局简图上画出）

实训室存在的安全隐患有：_____
_____。

改进措施有：_____。

2. 根据以上方案对实训室进行改造

经过改造的有：_____
_____。

未经改造的说明原因：_____

_____

_____。

四、检查

1. 检查实训室的设计格局：_____

_____。

2. 检查设备档案、操作记录和维护方案：_____

_____。

3. 检查对污染源改进措施的可行性：_____

_____。

4. 检查安全区的划分是否合理：_____。

五、评估

1. 请根据自己任务完成的情况，对自己的工作进行自我评估，并提出改进意见。

1）_____

_____。

2）_____

_____。

3）_____

_____。

2. 工单成绩（总分为自我评价、组长评价和教师评价得分值的平均值）

自我评价	组长评价	教师评价	总分

学习单元 1.3 车间安全与环保

任务导入

小王在某新能源汽车 4S 店实习,今天带队师傅告诉他要对某品牌纯电动汽车进行更换动力电池作业,你知道纯电动汽车动力电池更换有哪些注意事项吗?在更换动力电池之前有什么安全防范措施呢?

学习目标

1. 能正确辨别纯电动汽车高、低压线束。
2. 能正确处理维护、维修作业中旧件、废弃物。
3. 能正确处理维护、维修作业中遇到的废液、溶剂。
4. 能正确判断绝缘手套的完好程度及绝缘等级。
5. 能熟练地掌握北汽 EV160 纯电动汽车的下电、上电流程。

理论知识

与车辆维护与维修相关的许多操作,可能会涉及人身健康、安全和环境污染,因此在进行相关操作或处理时要按照一定的规程进行。

车辆在维护和维修操作中涉及的所有操作及材料的处理都应该以健康和安全为先。在使用任何产品之前,应详细查阅由制造厂或供货商所提供的使用说明或注意事项。

1.3.1 车间安全用电

据统计我国每年仍有数千人死于触电及相关事故,其中 80% 以上的事故是因违反安全用电规则造成的,这本是可以避免的。正规企业在员工上岗前和工作中均要多次进行针对性的安全教育,作为电动汽车维修技术人员,必须做到安全用电。

1. 北汽 EV160 的高压系统

北汽 EV160 高压部件主要有:动力电池、高压盒、电机控制器、车载充电机、DC/DC 空调压缩机和空调 PTC 等,如图 1-3-1 所示。

整车高压线束分为 5 段,见表 1-3-1。需要注意的是:驱动电机也属于高压部分,但是北汽 EV160 纯电动汽车的驱动电机与电机控制连接的高压线束是与驱动电机做成一体的,因此在对高压部分进行划分时,往往将其单独拿出。

表 1-3-1 北汽 EV160 纯电动汽车整车高压线束分布

序号	名称	起点	终点
1	动力电池高压电缆	动力电池	高压盒
2	电机控制器高压电缆	高压盒	电机控制器

(续)

序号	名称	起点	终点
3	快充线束	快充接口	高压盒
4	慢充线束	慢充接口	车载充电机
5	高压附件线束	高压盒	DC/DC
			车载充电机
			空调压缩机
			空调 PTC

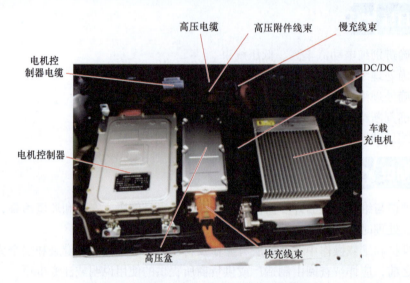

图 1-3-1 北汽 EV160 纯电动汽车主要高压部件

动力电池高压电缆如图 1-3-2 所示,快充线束如图 1-3-3 所示,电机控制器高压电缆如图 1-3-4 所示,高压附件线束如图 1-3-5 所示。

2. 北汽 EV160 纯电动汽车的电磁辐射

除了高压本身的危险之外,高压元器件还有电磁辐射,电磁辐射是由空间共同移动的电能量和磁能量所组成,该能量是由电荷的移动所产生。对人体可能会导致脱发、免疫力下降等危害,产生电磁辐射的主要元器件有充电设备、电机、逆变器等。

图 1-3-2 动力电池高压电缆

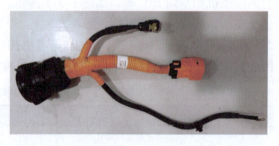

图 1-3-3 快充线束

图 1-3-4 电机控制器高压电缆

图 1-3-5 高压附件线束

1.3.2 高压互锁系统

高压互锁是指危险电压连锁回路，即将高压封闭在一个完整的回路中，通过使用电气小信号来检查整个高压系统的电气完成性、连接连续性，识别回路异常断开，及时断开高压电。

1. 设计高压互锁的目的

电动汽车设计高压互锁的目的主要有：

1）在整车高压上电前，确保整个高压系统的完整性，使高压处于一个封闭的环境中，从而提高其安全性。

2）当整车在运行过程中，高压系统回路开路或完整性受到破坏的时候，自动启动安全防护——高压系统断电。

3）防止带电插拔高压插接器时给高压端子造成的拉弧损坏。

2. 北汽 EV160 纯电动汽车的高压互锁系统

北汽 EV160 纯电动汽车的高压互锁系统如图 1-3-6 所示，整个高压互锁装置分为三部分：

(1) 动力电池部分　这一部分监测动力电池内部回路的完整性，监测维修开关及动力电池插接器是否开启（断开），BMS 根据监测到的信号直接控制动力电池高压正极母线继电器的通断，同时信号通过 CAN 总线通知 VCU，VCU 控制动力电池高压负极母线继电器的通断。

(2) 电机控制器部分　这一部分监测电机控制器内部回路的完整性，监测电机控制器 UVW 三相插头是否开启（断开），电机控制器控制电路根据监测到的信号通过 CAN 总线通知 BMS 和 VCU，BMS 和 VCU 控制动力电池高压正负极母线继电器的通断。

(3) **其他高压设备** 这一部分监测其他高压设备回路的完整性，监测高压控制盒盒盖、高压附件线束插头、电机控制器供电插头、电动压缩机供电插头、车载充电机供电插头、DC/DC 供电插头、PTC 加热器芯供电插头、快充线束插头是否开启（断开）。VCU 根据监测到的信号直接控制动力电池高压负极母线继电器的通断，同时信号通过 CAN 总线通知 BMS，BMS 控制动力电池高压正极母线继电器的通断。

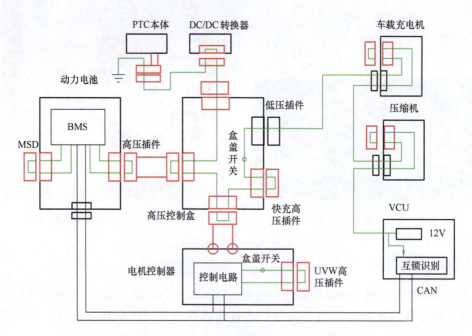

图 1-3-6　北汽 EV160 纯电动汽车的高压互锁系统

带高压互锁的高压插头如图 1-3-7 所示，其工作原理是：当高压插头处于连接到位时，高压正、负极和低压互锁端都处于连接状态。当拔、插高压插头或其他原因导致高压插头松脱时，由于高压端子的针脚要长于低压端子的针脚，因此总是低压互锁端先断开，从而控制高压系统断电，这样就保证在拔下高压插头或者连接高压端子之前高压端子处于无高压电状态，从而保证系统的安全性。

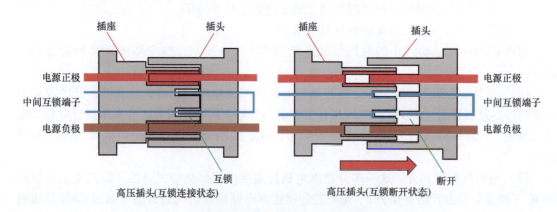

图 1-3-7　带高压互锁的高压插头

1.3.3 环境防范

1. 排液时的环境防范

1）溶剂、酸、液压油、冷却液及其他类似物质不应倒入下水道中，在使用的过程中必须要防止它们溢出到下水道中。在对这些物质进行操作时，应远离下水道，并随时准备溢出工具。

2）机油和溶剂等会污染所有接触到的土地，因而不能倒在土壤上进行处理，并小心防止溢出的油液流到地上。

3）排放空调系统中的制冷剂或更换新的制冷剂时，必须使用合适的设备，以免制冷剂挥发到大气中造成环境污染。

2. 废弃物的管理与处理

仔细存放、处置和处理工厂废料是减少污染的一种方法。应合理存放废料和处理废弃物，避免其流失到土壤、水和空气中。要根据种类分离废弃物，如油液、金属、蓄电池、废旧汽车零件，以防止不同材料之间发生化学反应，方便后续处理。

废弃物处理要交由具备处理此类特殊材料许可证的持有者，其相关文件必须齐全。由他们负责将废弃物运送到专门的处理场地进行处理。废弃物处理时应遵循以下几点：

1）液压油、防冻液和其他油液：交由特约承包商处理。

2）制冷剂：用专门的设备进行收集或重复使用。

3）洗涤剂：稀释后可安全倾倒入下水道。

4）油漆、稀释剂：分开后交由专门承包商处理。

5）轮胎：交由专门承包商处理。

6）含石棉物质：分开后交由专门承包商处理。

7）含油的废弃物（如抹布、用后的溢出工具、材料）：交由专门承包商处理。

8）零件：送回供应商处进行处理，或拆卸和重复利用可使用部分，其余部分按一般废弃物进行处理。

9）金属：从一般废弃物中分类后再做处理。

10）包装：尽量压缩并以一般废弃物处理。

11）橡胶、塑料：按一般废弃物处理。

12）蓄电池：交由专门承包商处理。

13）安全气囊：交由专门承包商处理。

14）电子元件：送回供应商处理，或拆卸可重复使用的零件，其余按一般废弃物处理。

1.3.4 车间安全用液

现代汽车使用多种油液，如果处理不当可能会对人体造成危害。

现代汽车使用的油液中有很多是有毒的，在使用过程中不会被耗尽，因此在维修、维护的过程中应尽可能地远离身体接触，以保证作业人员健康。北汽 EV160 纯电动汽车使用的液体主要有：制动液、空调制冷剂、润滑油/脂、冷却液、蓄电池酸液等。

1. 制动液

制动液溅到皮肤与眼睛会有稍许的刺激，应尽可能避免接触皮肤与眼睛。由于其蒸气压力非常低，故在常温下吸入的危险性不高。

2. 空调制冷剂

空调制冷剂是一种高度可燃物，所以储存与操作时要远离阳光暴晒与火源。制冷剂极易挥发，挥发时会带走大量的热，因此要防止制冷剂液体直接接触皮肤，避免冻伤。

使用空调制冷剂时要注意的事项有：

1）不要在密闭的环境内或接近明火的区域处理制冷剂。

2）务必戴上护目镜。

3）注意不要让液体制冷剂溅入眼睛或溅到皮肤上，如果液体制冷剂溅入眼睛或溅到皮肤上，用大量冷水清洗这些部位，在皮肤上涂抹干净的凡士林，并且不可擦拭。视情况寻求医疗援助。

4）在加注制冷剂时，不可将制冷剂瓶跌落，不可将制冷剂直立，保持其阀门朝下。

5）不可将不同的制冷剂混合。

3. 润滑油/脂

应避免长时间接触润滑油或润滑脂，所有的润滑油、润滑脂都对眼睛与皮肤有刺激性，会造成皮肤自然油脂的丧失，导致干燥、发炎与皮炎。使用过的润滑油可能含有会导致皮肤癌的有害污染物，所以在操作时必须要使用皮肤保护设备，并备有适当的冲洗设备。北汽EV160中常接触的润滑油是使用过的变速器油，常接触的润滑脂是锂基润滑脂。

更换变速器油时应遵循以下安全守则：

1）穿戴保护衣物，包括不能渗透的手套。

2）开放性伤口要在第一时间得到紧急处理。

3）操作完成后要用肥皂与清水清洗，清洗后涂抹含有羊毛脂的润肤剂可以补充皮肤上失去的天然油脂。

4）不可使用汽油、煤油、柴油、稀释剂或溶剂来清洁皮肤。

5）在作业前，尽可能除去零部件上的油脂。

4. 冷却液

冷却液中含有乙二醇，在受热时可能会产生蒸气，应避免灼伤和吸入这些蒸气。经由皮肤吸收的冷却液可能达到有毒或有害的剂量。如果误服冷却液可能会致命，应立即送医院救治。

5. 蓄电池酸液

1）蓄电池酸液对皮肤、眼睛、鼻、喉咙有刺激性及侵蚀性，会造成灼伤；能腐蚀普通衣物。应避免泼溅到皮肤、眼睛与衣物上，并佩戴适当的防护围裙、手套与护目镜。务必要在近处准备好水源与肥皂，以便发生泼溅意外时取用。

2）充电时会释放具有爆炸性的气体。故切勿在充电中或刚充完电的蓄电池附近使用裸焰或火花，应保持良好的通风。

1.3.5 其他安全注意事项

1. 粘结剂及密封剂

务必要非常小心的处理粘结剂及密封剂；可能含有对身体有害的化学成分或者会放出对

健康有害的烟雾，使用时一定要遵守制造者的说明。如果对特定用途的任何专用粘结剂或密封剂的适用性有疑问，则联系该产品的制造者，了解有关储藏、处理与应用的信息。

1）溶剂基粘结剂或密封剂。大多以聚合物乳胶与合成橡胶为基础，可能含有少量的挥发性有害化学位置，应避免接触皮肤与眼睛，并在使用时保持良好的通风。

2）热熔粘结剂。在固态的情况下，它们是安全的。在融化的状态下，它们可能会导致燃烧，且可能挥发出有毒气体，从而对健康造成危害。

3）树脂基粘结剂或密封剂。混合时应在通风良好的地方作业，因为它们可能会释放出有害或有毒的挥发性化学物质。

氰基丙烯酸酯（超级黏胶）以及其他的丙烯酸粘结剂大部分具有刺激性，会造成过敏或对皮肤与呼吸道有害；部分会刺激眼睛。应避免与皮肤、眼睛直接接触，并遵守制造厂商的使用说明。

2. 焊接安全

（1）焊料　焊料是多种金属的混合物，混合物的熔点比组成的金属（通常是铅和锡）低。在焊接的过程中通常不会产生有毒的含铅气体。在焊接过程中不能使用含氧的乙炔火焰，因为他们温度很高会产生含铅的烟雾。在火焰喷射到带有油脂的表面上时可能会产生一些烟雾，应避免吸入。

除去多余的焊料必须格外小心，并确保不会产生细小的铅尘，如吸入铅尘会对人体有危害。必须佩戴防毒面具，以避免摄取铅或吸入焊料的灰尘。

焊料的泄漏物和挫屑必须统一收集并迅速处理，以防止空气被铅污染。

（2）电弧焊　电弧焊时会有大量的紫外线辐射，紫外线辐射会对操作员和其他附近的人员的皮肤和眼睛带来伤害。气体保护焊相当危险，必须穿戴个人防护服，并使用防护屏保护其他人。在使用电弧焊时，建议隐形眼镜佩戴者恢复佩戴普通眼镜。弧光会释放出微波使隐形眼镜佩戴者角膜与镜片间因失水而干涩，甚至会使人失明。

当焊芯或其保护层被污染时，焊接弧光的热量会使金属熔池在焊接时产生烟和气体，这些气体可能有毒害，应避免吸入此类气体，必须排除工作区域内的有毒气体，特别是在空气流通不畅时或预先知道有大量焊接时。在特别情况下或在狭小的区域内进行焊接必须戴上氧气罩。

在使用电弧焊时会有金属飞溅，必须采取正确的措施对眼睛和皮肤进行有效防护。

（3）气焊（气割）　在焊接和切割时会使用氧乙炔焰切割，因此要特别小心此类气体的泄漏，如不小心，会带来燃烧或爆炸。使用气焊时会产生金属溅落物，必须采取适当的保护皮肤和眼睛的措施。

使用气焊时会产生一些有毒气体，但此类有毒气体是由焊接涂层特别是切割损坏部分产生的，应避免吸入此类气体。铜焊时，铜焊条中的金属会产生有毒气体，如果铜焊条中有铬时会非常危险。当此类情况发生应特别小心避免吸入有毒气体，并寻求专家的帮助。

在有易燃物的汽车内，不论进行何种焊接或切割，之前都应采取特别的防范措施。

在维修、维护高压部件时，禁止带电作业；其次，要先将车钥匙置于 OFF 档，并断开

低压蓄电池负极电缆；最后，要使用高压绝缘胶垫、手套、防护鞋等。

1.3.6　车间安全生产操作规程

1）各工种员工必须正确使用常用/专用工具、量具、设备，禁止违规使用（违反该设备使用说明书）。

2）各工种员工必须遵守通用的《安全生产操作规程》以及本工种的安全操作规程、规则。

3）各工种在敲击、碰撞作业时，禁止使用相同刚性（硬度）的工件进行碰击作业，避免碰击产生的金属屑伤人。

4）严禁对工具、设备及车辆等使用蛮力。比如超负荷使用工具，延长加力杆，增加加力杆等。使用叉车、吊车进行作业时，必须遵守该设备操作规程。

5）机修工、钣金工、漆工禁止同时在同一车间作业。严禁多工种同时在同一车辆上进行作业。

6）各工种在作业前必须确认该车支撑牢固、安全可靠后，方可进行作业。车轮前后未塞垫块，禁止钻入车底作业。

7）在油箱周边5m内进行焊接作业时，必须用石棉被将油箱盖严实。周边10m内有易燃易爆物品时，禁止动火、施焊作业。

8）氧气瓶、乙炔瓶等之间安全距离为5~8m，少于5m属违规作业。储存氧气、乙炔时，空瓶、重瓶各自单独存放、不得混存，分存间距要大于5m。

9）阳光不得直射（晒）氧气瓶、乙炔瓶，必须露天作业时应对其进行遮光处理。

10）搬运氧气瓶、乙炔瓶时要轻装轻卸，禁止碰撞、禁止混运。禁止非驾驶人在厂内驾驶、挪动机动车。叉车在使用前必须经领导批准同意，上路时必须是持证者驾驶。

11）在同一辆车上禁止上、下同时作业。

12）焊、割驾驶室以及其他在驾驶室内外动火作业时，动火前必须备一桶水，一至两块湿毛巾，防止引燃塑料件、橡胶件。

13）各工种动用砂轮机、切割机时必须佩戴平光眼镜，焊工进行气割、气焊作业时必须佩戴浅色平光眼镜，各工种动用手砂轮机进行除锈抛光作业时必须佩戴平光罩保护眼镜。

14）凡在罐体等封闭环境内作业时，必须保证通风、换气可靠，同时在外应有监护人，需要照明时，事先检查导线是否可靠，绝对不能漏电。

15）车间手持工作灯必须使用低压电（36V），严禁使用220V电源。厂区不得有裸露开关，所有用电设施必须有可靠的安全保护装置。

16）电动汽车禁止用充电机随车充电，充电必须在充电车间进行。

17）车间、厂区要配置一定数量的有效灭火器（平均间距10m一支），配备灭火沙若干堆，配有消防池若干个。

18）车间、库房内禁止吸烟，吸烟区应规定在客户休息室、门卫室或另设专门的吸烟区，吸烟者应自觉到吸烟区吸烟。

19）各工种用完的专用/公用工具、设备应按规定放置整齐。

20）凡是上班时间，一律按规定穿戴劳服用品，工作服必须干净整洁。

21) 员工应保持车间、设备整洁，为安全生产创造一个良好的环境。

1.3.7 北汽 EV160 纯电动汽车高压下电

1. 检查场地及安装警戒标志

1) 检查场地，确认符合作业环境。

2) 检查自身，确认没有佩戴金属饰品、钥匙、硬币等，如果有则将其取下并放到储物箱中妥善保存。

3) 安装警戒标志，包括拉警戒遮拦、悬挂警示标志，如图 1-3-8 所示。

4) 找至少一名安全监护人。

2. 切断低压电源及拆除附件

1) 将车钥匙置于 OFF 档。

2) 拔下钥匙，并将钥匙放到储物箱中锁好。

图 1-3-8 警戒遮拦及警示标志

3) 断开低压蓄电池负极端子。

> 注意：断开低压蓄电池负极端子后要等待 2~5min 后才能进行高压部分的操作。

4) 拆除后排座椅，掀起后排地垫。可以看到维修开关盖板，如图 1-3-9 所示。

图 1-3-9 维修开关盖板

3. 穿戴绝缘工具

绝缘工具包括主要绝缘帽、护目镜、绝缘手套及绝缘鞋。在穿戴绝缘工具时，最好按一定的顺序进行（如自上而下等），防止遗漏。

> 注意：在穿戴绝缘手套时要检查其绝缘等级及完好程度。绝缘等级应为 1000V/300A 以上，如图 1-3-10 所示，绝缘手套应不漏气。

4. 拆卸维修开关

1) 拆除维修开关盖板，可以看到维修开关，如图 1-3-11 所示。

2）解除维修开关锁，拔下维修开关并将维修开关放到储物箱中锁好。

3）安装替代安全塞，如果没有替代安全塞则建议用绝缘胶带封住并装上维修开关盖板。

图 1-3-10　绝缘手套的绝缘等级

图 1-3-11　维修开关

5. 拆下动力电池插接器盖板

1）举升车辆，在车辆举升后注意举升器落锁。

2）铺设绝缘地垫。

3）拆除动力电池插接器盖板。

6. 拔下高低压线束插接器

1）先拔下低压线束插接器。

2）再拔下高压正、负极插接器，此插接器有两重锁扣。要先解除高压正、负极插接器锁止状态，如图 1-3-12 所示；然后按住 PRESS1 位置（图 1-3-13）解除第一重锁，并向后拨到位；再按住 PRESS2 位置（图 1-3-14）解除第二重锁，并向后拨到位；最后拔下高压线束插接器。

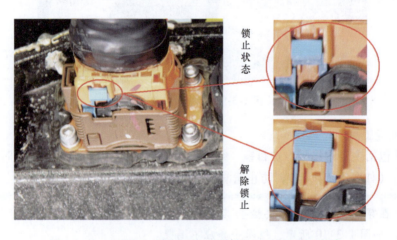
图 1-3-12　高压正、负极插接器锁止状态与解除锁止状态

PRESS 1位置

图 1-3-13　高压正、负极插接器 PRESS1 位置

PRESS2位置

图 1-3-14　高压正、负极插接器 PRESS2 位置

7. 放电及检查剩余电荷

1）用放电设备对电池箱端的高压正、负极插接器放电，放电设备如图 1-3-15 所示。

2）检查电池箱端的高压正、负极插接器电压，电压为零则确认放电完成。

3）对高压线束端的高压正、负极插接器放电。

4）检查高压线束端的高压正、负极插接器电压，电压为零则确认放电完成。

5）用绝缘胶带封住高压线束插接器两端。

图 1-3-15　放电工装

1.3.8　北汽 EV160 纯电动汽车高压上电

对新能源汽车维护维修作业结束后要进行整车上电。整车上电的作业流程如下。

1. 上电前防护工作

1）找一名监护人。

2）穿戴绝缘防护用具。

绝缘工具主要包括绝缘帽、护目镜、绝缘手套及绝缘鞋。在穿戴绝缘工具时，最好按一定的顺序进行（如自上而下等），防止遗漏。

> 注意：在穿戴绝缘手套时要检查其绝缘等级及完好程度。绝缘等级应为1000 V/300A以上，绝缘手套应不漏气。

2. 安装动力电池插接器

1）安装高压线束插接器，安装到位后将其锁止（参见图1-3-12）。

2）安装低压线束插接器。

> 注意：安装低压线束插接器要注意其定位，电池箱接口端的凹槽要对准低压线束插接器端的凸起，如图1-3-16所示，然后旋转低压线束插接器端的螺母就可将其安装到位。

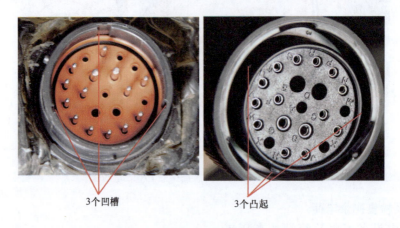

图1-3-16 低压线束插接器定位

3. 安装动力电池插接器盖板

1）安装动力电池插接器盖板。

2）取出绝缘地垫。

3）降下车辆。

4. 安装维修开关

1）从储物箱中取出维修开关。

2）安装维修开关。

> 注意：安装完维修开关后的操作不牵扯高压部分，因此可以不再穿戴绝缘防护用具。

5. 复位后排座椅

1）安装维修开关盖板。

2）将后排地垫及座椅复位。

6. 连接低压电源，检查上电情况

1）安装低压蓄电池负极端子。

2）将车钥匙置于 ON 档,行车电脑显示屏显示 READY,如图 1-3-17 所示,则上电完成。

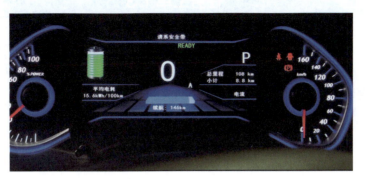

图 1-3-17 上电完成图

1. 北汽 EV160 纯电动汽车高压部件主要有:动力电池、高压盒、电机控制器、车载充电机、DC/DC、空调压缩机和空调 PTC 等。相应的整车高压线束分为 5 段。需要注意的是:驱动电机也属于高压部分,但是北汽 EV160 纯电动汽车的驱动电机与电机控制连接的高压线束是与驱动电机做成一体的,因此在对高压部分进行划分时,往往将其单独拿出。

2. 电动汽车设计设计高压互锁的目的主要有:

1）在整车高压上电前,确保整个高压系统的完整性,使高压处于一个封闭的环境中,从而提高其安全性。

2）当整车在运行过程中,高压系统回路开路或完整性受到破坏的时候,自动启动安全防护——高压系统断电。

3）防止带电插拔高压插接器时给高压端子造成的拉弧损坏。

任务工单1.3

任务名称	车间安全与环保		学时	4	班级	
学生姓名			学生学号		任务成绩	
实训设备、工具及仪器	多媒体教学设备1套、北汽EV160纯电动汽车4辆、车间安全用具4套、个人安全防护用具4套、放电工装4套。		实训场地	理实一体化教室	日期	
客户任务描述	一辆北汽EV160纯电动汽车,需要对高压系统进行不带电操作。					
任务目的	能够正确规范地完成纯电动汽车的下电、上电作业。					

一、资讯

1. 北汽EV160高压部件主要有：_____、_____、电机控制器、_____、_____等。
2. 电动汽车设计设计高、低压互锁的目的主要有：
   1) _____。
   2) _____。
   3) _____。
3. 根据下图写出带高、低压互锁的高压插头的工作原理：_____
_____。

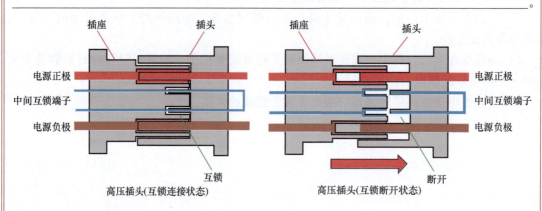

高压插头(互锁连接状态)　　　高压插头(互锁断开状态)

4. 对表中未填写的进行填写。

序号	名称	起点	终点
1	动力电池高压电缆	动力电池	
2	电机控制器高压电缆		电机控制器
3	快充线束	快充接口	
4	慢充线束	慢充接口	
5	高压附件线束	高压盒	

二、计划与决策

请根据任务要求,确定所需要的检测仪器、工具,并对小组成员进行合理分工,制订详细的工作计划。

1. 需要的检测仪器、工具

2. 小组成员分工

3. 计划

三、实施

1. 北汽 EV160 下电

(1) 检查场地、安装警戒标志

检查场地:_____。

检查自身:_____。

安装警戒标志:_____。

找一名监护人:_____。

(2) 切断低压电源并拆除附件

切断低压电源:_____。

拆除附件:_____。

(3) 穿戴绝缘工具

绝缘防护工具:_____。

检查绝缘工具:_____

_____。

(4) 拆卸维修开关

注意事项:_____。

个人防护情况:_____。

(5) 拆卸动力电池插接器盖板

防护工作:_____

_____。

(6) 拔下高低压线束插接器

要先拔:_____,后拔:_____。

拔高压线束插接器的方法是:_____。

（7）放电及检查剩余电荷

当剩余电荷为_____时可以认为放电结束。

放电完成后的防护工作有：_____。

2. 北汽 EV160 纯电动汽车上电

1）上电前的防护工作：_____

_____。

2）安装动力电池插接器。

要先安：_____，后安：_____。

安装低压线束插接器的方法是：_____

_____。

3）安装动力电池插接器盖板。

4）_____。

5）复位后排座椅。

6）连接低压电源：_____。

四、检查

1. 在对北汽 EV160 纯电动汽车进行下电的过程中，操作不规范的地方有：_____

_____。

2. 检查下电完成后在维修开关处和动力电池插接器处有无绝缘防护措施_____。

3. 检查下电完成后动力电池插接器两端的电压为：_____。

4. 在对北汽 EV160 纯电动汽车进行上电的过程中，操作不规范的地方有：_____

_____。

5. 将车钥匙打到 ON 位置检查仪表盘显示状态：_____。

五、评估

1. 请根据自己任务完成的情况，对自己的工作进行自我评估，并提出改进意见。

1）_____

_____。

2）_____

_____。

3）_____

_____。

2. 工单成绩（总分为自我评价、组长评价和教师评价得分值的平均值）

自我评价	组长评价	教师评价	总分

学习单元1.4 新能源汽车维护接待

任务导入

小王在某新能源汽车4S店担任维修接待员，今天有一辆北汽EV160纯电动汽车来店做30000km维护，需要小王接待。你知道汽车维护、维修接待的流程是什么样的吗？接待客户时有哪些注意事项吗？

学习目标

1. 能与客户交流并建立良好的客户形象。
2. 能为客户制订正确的维修、维护接待流程。
3. 能与客户建立长期联系并适当电话回访。
4. 能规范地进行环车检查。
5. 能进行竣工检查。
6. 能礼貌、规范地进行维护、维修结算。

理论知识

"客户至上、服务至上"作为一项服务宗旨，反映了公司对员工的期望，而每一位员工的一言一行都代表着企业的形象，对客户能否进行优质的服务直接影响到公司的声誉，一个拥有再多汽车的4S店，对顾客服务不周到，态度不佳，恐怕也会造成公司信誉的不断下降，最终流失客源。

由此可见，业务接待是企业文明的窗口；是企业管理的体现；是企业技术、公关的标志。每一次业务接待都是反映公司形象、表现对客户的态度、体现公司精神面貌、获得客户心理认同的最好途径。

1.4.1 售后服务顾问礼仪、举止规范

售后服务顾问不仅要具有汽车专业理论知识，良好的职业道德修养，较好的气质仪表，还要严格按照职业礼仪来规范自己的行为，成为一名优秀的售后服务顾问，如图1-4-1所示。

1. 着装规范

1) 按季节统一着装，整洁、得体、大方。
2) 衬衫平整干净，领子与袖扣没有污渍。
3) 穿西服应配领带，注意领带和西服的颜色要相配。
4) 胸卡要佩戴在左胸位置，卡面整洁、清晰。
5) 穿深色皮鞋，保持鞋面干净、光亮。

图1-4-1 售后服务顾问的仪表仪容

6)服装要得体,不可奇装异服、不可过分华丽。

2. 仪容规范

1)头发干净整齐,有一个合适的发型,保持清洁,男性顾问不可留长发。
2)面部清洁,女性顾问要化淡妆,不能浓妆艳抹,男性顾问要经常剃胡须。
3)指甲不能留太长,要注意修剪。
4)口腔保持清洁,不吃有异味的食物。

3. 举止规范

1)微笑。微笑是最好的服务,在任何情况下都要对微笑接待每一位客户。

2)招呼。要主动与客户打招呼,目光注视客户,如图1-4-2所示。使用业务接待中常用的招呼语言,如:请,您好,对不起,麻烦您,劳驾,打扰了,见到您很高兴,非常感谢,再见。

图1-4-2 与客户对话时要目光注视对方

3)握手。握手是我们日常工作中最常使用的礼节之一。接待客户时,接待人员应主动把手伸向客户,表达诚意。握手时要有一定的先后顺序,一般顺序是上级在先,长者在先,女性在先。握手力度不可过猛或者毫无力度,要注视对方并微笑。

> 注意:接待女客户时不可主动伸手,更不可双手握。

4)自我介绍。在介绍自己的姓名、职务时,要清晰明了,坦诚亲切。在介绍的同时,可以递交自己的名片。在递交名片时要双手送出。在接客户的名片时要用双手,接过后要仔细收藏好名片,不可随意放在桌子上。
5)引路。在客人的左前侧为其示意前进方向。
6)送客。在客人的右前侧为其示意前进方向。

1.4.2 电话礼仪

1. 拨打电话的礼仪

(1) 问候、告知自己的姓名

> 注意:先报出自己的姓名,讲话时要有礼貌。

基本用语：您好，我是××公司的××。

(2) 确认电话对象

注意：必须要确认电话的对方。如与要找的人接通电话后，应重新问候。

基本用语：请问是××公司的××吗？麻烦您，我要找××公司的××。

(3) 讲明去电目的

注意：对时间、地点、数字等进行确切的传达。

基本用语：今天打电话是想向您咨询一下关于××。

(4) 结束语

注意：语气诚恳，态度和蔼。等对方放下电话后，再放下自己的电话。

基本用语：谢谢，麻烦您了，那就拜托您了。

2. 接听电话的礼仪

(1) 拿起电话听筒，并告知对方自己的姓名

注意：告知对方自己的名字；在电话机旁准备好记录用的纸笔；音量适中，不要过高。

基本用语：您好，我是××公司××，请问有什么可以帮助您的。电话响铃3声以上时说"让您久等了，我是××公司××"。

(2) 确认对方

注意：确认对方的身份；如是客户，表达感谢之意。

基本用语：××先生，您好；感谢您的关照。

(3) 听取对方来电的用意

注意：必要时进行记录，谈话内容不可脱离主题进行。

基本用语：是，好的，清楚，明白等回答。

(4) 确认

注意：确认时间、地点、对象、事由，如果是留言，记录下电话时间和留言人。

基本用语：请您再重复一遍，您看这样对吗？

(5) 结束语

注意：感谢对方来电，等对方放下电话后再放回自己的电话。

基本用语：清楚了，请放心，我一定转达，谢谢，再见。

1.4.3 客户接待技巧

1. 提问技巧

在交流中,提问是交流的一大技巧,适当的提问可以发现和收集客户的信息,以便准确地把握客户的需求,为客户提供更好的服务。一个售后服务顾问的服务技能怎样,服务经验是否丰富,从提问中就可以看出来。

提问可以分为两种:一种叫做开放式的问题,一种叫做封闭式的问题。

(1) **开放式的问题** 可以让客户比较自由的讲出自己的观点,这种提问方式是为了了解一些事实。一般以"是什么""怎么样""为什么"等开始询问。比如,"请问您的车有什么故障?"

当客户叙述故障的时候,往往就会从汽车听到的噪声,驾驶的感受,发动机的性能等角度进行描述,售后服务顾问可以接收更多的信息来对故障车辆进行诊断。

(2) **封闭式问题的使用** 这是为了完全帮助客户进行判断,客户只能回答是或者不是的问题。例如,问客户:"噪声像敲击金属的声音吗?打开空调以后是否有冷风吹出?"

2. 沟通技巧

除了提问技巧之外,售后服务顾问还要拥有言谈技巧、倾听技巧、接待投诉客户的技巧等。与客户沟通的技巧见表1-4-1。

表1-4-1 4S店接待员沟通技巧

沟通的原则	原则一:客户永远是正确的 原则二:敢于面对、积极主动、以诚相待 原则三:耐心倾听顾客的声音 原则四:要站在客户立场上将心比心 原则五:迅速采取行动 原则六:记录过程,吸取教训,总结经验
沟通方式	倾听技巧: 技巧一:不要随意打断客户 技巧二:适当复述,以帮助准确理解 技巧三:肯定对方谈话的价值 技巧四:配合恰当的肢体语言 技巧五:保持微笑 言谈技巧: 技巧一:言语有度 技巧二:准确运用肢体语言 技巧三:避讳隐私 技巧四:保持正确的礼仪距离 技巧五:经常使用基本的礼仪用语
面对投诉	技巧一:合作。如:我有一个建议,您是否愿意听一下? 技巧二:询问。真正确定对方想什么,才可能达成双方都能接受的解决方案。 技巧三:回形针策略。当接待情绪激动的客户时,请求对方随手递给自己一些类似回形针、笔、纸等东西,当客户递交自己时,立马向顾客表示感谢,为两人创造一种合作的氛围。 技巧四:发掘"需要"。最好的发掘需要的方法是多问几个为什么。 技巧五:管理对方的期望。售后服务顾问应该直接告诉客户自己能够为他做些什么。 技巧六:感谢。一句感谢比一句道歉更加重要。

1.4.4 汽车维修服务流程

汽车维修服务流程如图1-4-3所示，一般是从预约开始，经过店面接待、维修作业、竣工检验、结算交车，最后跟踪回访。近年来，为了提高服务质量，大部分4S店在此基础上增加了客户招揽，为4S店的销售起到了锦上添花的作用。

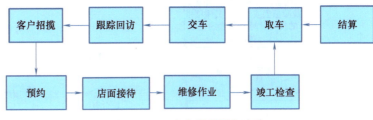

图1-4-3 汽车维修服务流程

1. 客户招揽

对客户进行招揽的目的是：
1）提高汽车品牌的知名度。
2）提高客户对汽车品牌的满意度，提高4S店的收益。

主要的招揽方法有：
1）采用直接联络的方式，如电话预约、E-mail提醒、上门服务等。
2）采用广告宣传方式，如电视广告、报刊广告、传单派发、网络宣传等方式。
3）采取其他优惠政策，如VIP服务、会员制、满减制等。

2. 预约服务

预约的好处：
1）方便客户可以根据自己的日程安排服务时间，节约客户时间。
2）可以为更多的客户提供优质的服务。
3）可以事先准备好备件，减少因外部因素对工作效率的影响。

与客户预约的方式一般是通过电话，电话预约的流程如图1-4-4所示。

预约人员为客户做好预约后，应当及时做好记录，以便日后有证可查，表格有预约登记表见表1-4-2，维修预约确认单见表1-4-3。

表1-4-2 预约登记表

填表时间				年 月 日 时	
车型：		车号：		发动机号：	
车主：	联系电话：		接待员：	预约时间： 年 月 日	
故障陈述			维修项目		跟踪情况
					客户签名：

说明：
1. 此表用于客户预约服务的登记
2. 此表要作为客户跟踪的依据
3. 业务人员要在客户预约前进行提醒

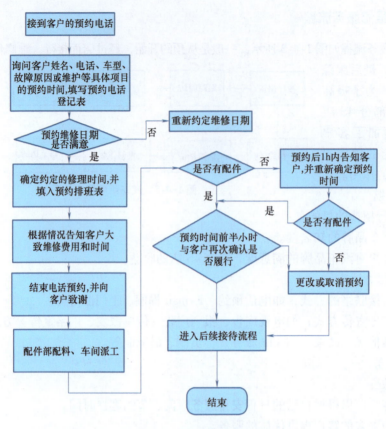

图1-4-4 电话预约流程图

表1-4-3 维修预约确认单

客户名称		联系人				
客户地址		客户住址				
客户电话		来厂时间	年	月	日	时 分
维修项目：						
客户预交定金		定金接收人签字盖章				
接待员		公司业务电话：				

进行预约服务时要注意：要让预约的客户享受到预约的待遇，与未预约的客户要区分开来，这是决定客户下次是否会预约的重要因素。可以从以下几点着手：

1）让客户认同预约，感受到预约的好处。

2）在客户接待区放置告示牌，提醒客户进行预约。

3）把预约的客户名单写入欢迎板，接待人员能喊出客户的名字，让预约客户感受到尊重和关注。

4）经常向未预约的客户宣传预约的好处，增加预约率。

3. 店面接待

店面接待属于服务流程中直接与客户接触的第一个环节，通过与客户的沟通交流，使用户对企业建立信任。为了避免客户在提车时产生不必要的误会，售后服务顾问在车辆进行维修车间前必须与客户一起对车辆进行环车检查，并填写环车检查单（表1-4-4）。

表1-4-4　环车检查单

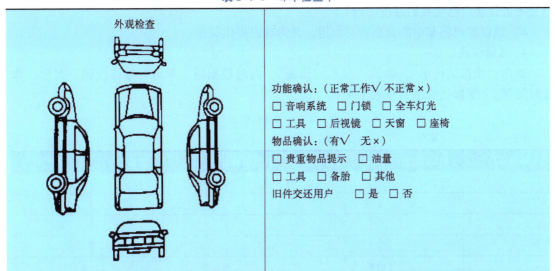

环车检查的主要内容有车辆外观是否有漆面损伤、车辆玻璃是否完好、内饰是否有脏污、仪表盘表面是否有损坏、随车附件是否齐全、车内及行李箱内是否有贵重物品等。

环车检查的目的：

1）使维修企业免受不应有的赔偿（如已存在的划伤以及丢失的个人财产）。

2）确定用户没有察觉的维护需要（如车身划伤或压痕、轮胎异常磨损、刮水器刮片磨损）。

环车检查完成后，填写接车问诊表（表1-4-5），并请客户签字确认。

表1-4-5　接车问诊表

车牌号：	行驶里程：	车架号：
用户名：	电话：	来店时间：
用户陈述及故障发生时的状况：		
故障发生状况提示：行驶速度、发动机状态、发生频率、发生时间、部位、天气、路面状况、声音描述		
接车员检测确认建议：		
检测确认结果及主要故障零部件：		
检查确认者：		
注意："接车问诊表"是一式两份，一份交由客户保管，一份交由企业保管		

整个接待过程包括从客户将车停好,到维修人员与客户进行沟通这一时间段。在这个过程中由相应的售后服务顾问进行接待,此过程需注意以下几个问题:

1)沟通时间不少于7min,这样可以充分了解客户的需求;可以挖掘更多的潜在利润;建立一定的感情基础,有利于后续工作的开展。

2)如遇到技术方面等自己解决不了的问题,需向维修人员求助,不可擅做主张。

3)当着顾客的面铺三件套(一次性座套、方向盘套、脚垫),检查车辆要认真仔细,但又不可让客户感觉我们过度防范。

4)建议客户将车中的贵重物品取走,并为客户提供袋子。

4. 维修作业

制作"维修估价单"。确认"接车问诊表",同时根据施工单填写维修代码、名称、作业时间等。"维修估价单"见表1-4-6。

表1-4-6 维修估价单

客户:　　　车型:　　　VIN:　　　日期:

维修项目	工时费	零件代码	零件名称	数量	售价
计费方式	工时费		维修费		零件费
费用总计	接待员签字		客户签字		
备注					

增补(追加)维修

维修项目	工时费	零件代码	零件名称	数量	售价
计费方式	工时费		维修费		零件费
零件费合计	接待员签字		客户签字		
备注					

售后服务顾问待客户签字确认维修工单后,将维修工单交给维修车间。车间维修人员接到派工单后,应及时、全面、准确地完成维修项目,不应超出维修范围进行作业。维修人员要爱惜客户的车辆,注意车辆的防护和清洁卫生,做到文明生产、文明维修,做到零件、工具、油水"三不落地",随时保持维修现场的整洁。

5. 竣工检查

维修作业结束后,首先进行质量检查,质量检查合格后再进行一系列交车前的准备工作。这些准备包括车辆清洁、整理旧件、完工审查和通知客户取车。竣工检查的流程如

图1-4-5所示。

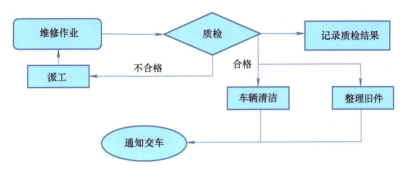

图1-4-5 竣工检查流程图

(1) 质量检查 质量检查（图1-4-6）有助于发现维修过程中的失误和验证维修的效果。质量检查是维修服务流程中的关键环节，维修人员将车辆维修完毕后，须由质检员进行检查并填写质量检查项目，必须由试车员进行试车并填写试车记录。

(2) 车辆清洁 客户的车辆维修完毕后，应该进行必要的车内外清洁，以保证车辆交付给客户时维修完整、内外清洁、符合客户要求。

(3) 整理旧件 如果维修工单上显示客户需要将旧件带走，维修技术员则应将旧件擦拭干净，包装好，放在车上或放在客户指定的位置，并通知售后服务顾问。

(4) 完工审查 承修车辆的所有维修项目结束并经过检验合格后，售后服务顾问

图1-4-6 质量检查

进行完工审查。完工审查的主要内容是核对维修项目、工时费、配件材料数量，材料费是否与估算的相符，完工时间是否与预计相符，故障是否完全排除，车辆是否清洁，旧件是否整理好。审查合格后通知客户取车。

6. 结算交车

在客户来接车之前，售后服务顾问应把"结算单"（表1-4-7）打印好，客户到维修服务企业后，售后服务顾问接待客户，向客户说明车辆的维修情况和"结算单"的内容。这样做是为了尊重客户的知情权，消除客户的疑虑，让客户明白消费内容，提高客户的满意度。

交车时在客户面前取下座椅套、胶垫和方向盘护套，向客户提供相关维护的专业建议，提醒客户下一次定期维护的时间。陪同客户去财务中心付款，介绍跟踪回访服务，最后向客户致谢并引导客户车辆出店。

7. 跟踪回访服务

当客户提车离厂后，维修企业应在三日之内进行跟踪回访。其目的不但在于体现对客户的关心，更重要的是了解对维修质量、客户接待、收费情况和维修的时效性等方面的反馈意见，以利于维修企业发现不足、改进工作。

表 1-4-7　结算单

客户：　　　　　车型：　　　　　车牌号：

维修类型	班组	工时费	材料费	管理费	税费（%）	总额

序号	材料名称	单位	数量	单价	金额	备注
1						
2						
3						
4						
5						
总额	万　千　百　拾　元					

日期：　　　　　制表：　　　　　财务：　　　　　复核：

回访人员应做好回访记录，填写"回访记录表"（表1-4-8）作为质量分析和客户满意度分析的依据。

表 1-4-8　回访记录表

日期：

客户信息		服务质量		意见及建议
姓名		工作人员态度		
车牌号		工作人员业务水平		
联系电话		工作人员效率		
维修单号		收费情况		
出厂时间				
现行驶里程				
车况				

填写跟踪记录时，如有顾客不满或投诉应先向顾客致歉并立即向服务经理汇报情况，尽快采取合理措施。填写完跟踪记录表以后应对其进行存档，每月底总结一次当月跟踪服务的结果，向服务经理报告并提出整改方案。

拓展阅读

1.4.5　售后服务顾问的岗位职责及技能要求

在汽车维修企业中，售后服务顾问是指主要负责客户的接待，负责客户来电的接听和解答，仔细问诊和安排好维修工作，做好维修人员和客户之间车辆信息的及时反馈，与客户交谈并向客户推荐定期维护及精品，定期对客户进行回访的工作人员。

1. 岗位职责

售后服务顾问是汽车企业中负责客户接待的工作人员，客户进入汽车维修企业，第一个接触到的人就是售后服务顾问。售后服务顾问岗位职责主要有以下几点：

1）接待来公司维修车辆的客户，记录和判断车辆故障并安排维修；
2）汽车保修索赔的处理和事故车定损；
3）对客户资料进行整理、归档；
4）与客户搭建良好沟通，做好客户维护工作；
5）对维修车辆状态进行追踪跟进，确保维修质量；
6）协助客户做好车辆维修费用的结算工作；
7）负责客户的满意度跟踪，处理客户意见；
8）负责工作区域的 5S 的执行落实；
9）宣传本企业，推销新技术、新产品，解答客户提出的相关问题，开发新客户市场。

2. 技能要求

售后服务顾问作为汽车维修企业的一个形象展示窗口，就必须具备一定的岗位技能，这样，才能保证汽车维修企业在客户心中的形象，确保客户满意度。以下是售后服务顾问需要掌握的岗位技能：

1）具备汽车理论和维修方面的知识，了解汽车行业及汽车构造；
2）有良好的服务营销知识，沟通协调能力强；
3）会计算机操作的基本操作，熟练使用 Office 办公软件、售后服务的操作软件；
4）熟悉保险公司理赔；
5）熟练掌握售后服务接待操作流程和要求；
6）有一定的汽车驾驶技能。

此外，具有良好的英文听、说、读、写能力，也是售后服务顾问非常重要的一项岗位技能。

1.4.6　北汽 EV160 纯电动汽车维护接待

1. 店面接待

（1）自我介绍

"你好，带好你的贵重物品下车。欢迎光临北汽新能源汽车 4S 店，我是本店的服务顾问×××。这是我的名片，你可以叫我×××。请问先生/女士你贵姓呢？"

（2）情况问询

情况问询包括：

1）项目情况："×××先生/女士，请问您来 4S 店是做维修还是做保养？"
2）预约情况："请问您是否有预约？"如果有预约则按照预约安排维修或维护作业，如果没有预约则首先向客户说明预约的好处及预约的方法，然后安排相应的维修、维护作业。

（3）登记车辆信息

1）提醒顾客收好贵重物品并出示保修手册、行驶证、车钥匙。
2）安装车内防护三件套，包括脚垫、方向盘套和座椅套，粘贴座椅位置标签。
3）登记车辆信息包括车牌号和 VIN 码。

2. 环车检查

(1) 车内检查

1）检查起动开关、仪表盘、故障灯状态、上电情况，并做相应记录。

2）记录行驶里程数。

3）检查空调系统、中控台、方向盘、座椅调节及安全带，并做相应记录。

4）检查储物槽有无贵重物品遗留，如有遗留则做相应处理。

5）打开前机舱盖和慢充口盖。

(2) 检查车辆左前部（图1-4-7）

1）检查左前车门、后视镜、翼子板，漆面有无损伤、划痕，并做相应记录。

2）检查轮毂表面有无划痕、磕伤，气门嘴帽有无丢失，并做相应记录。

3）检查轮胎磨损情况，并做相应记录。

(3) 检查车辆正前方

1）检查车顶漆面有无损伤、划痕，并做相应记录。

2）检查前风窗玻璃有无裂纹、划伤，并做相应记录。

3）检查前格栅、前保险杠有无划痕、损伤，并做相应记录。

图1-4-7　检查车辆左前部

4）检查前照灯有无损伤、划痕，并做相应记录。

5）检查近光灯、远光灯及其他灯光，并检查灯光调节功能，并做相应记录。

6）检查快充口开关状态，并做相应记录。

(4) 前机舱检查（图1-4-8）

1）检查高压系统：各线束有无破损、插接件有无松脱，并做相应记录，如图1-4-9所示。

2）检查低压蓄电池电眼及正负极连接情况，并做相应记录。

3）检查制动液、冷却液、洗涤剂液位，并做相应记录。

图1-4-8　前机舱检查

图1-4-9　对检查结果做记录

(5) 车辆右前方检查

1）检查右前车门、后视镜、翼子板，漆面有无损伤、划痕，并做相应记录。

2）检查轮毂表面有无划痕、磕伤，气门嘴帽有无丢失，并做相应记录。

3）检查轮胎磨损情况，并做相应记录。

4）检查右前门储物槽有无贵重物品遗留，如有遗留则做相应处理。

5）检查座椅调节及安全带，并做相应记录。

（6）车辆右后方检查

1）检查右后车门、翼子板，漆面有无损伤、划痕，并做相应记录。

2）检查轮毂表面有无划痕、磕伤，气门嘴帽有无丢失，并做相应记录。

3）检查轮胎磨损情况，并做相应记录。

4）检查右后门储物槽、右前座椅后背储物袋有无贵重物品遗留，如图1-4-10所示，如有遗留则做相应处理。

5）检查安全带，并做相应记录。

（7）检查车辆后部

1）检查后风窗玻璃、尾灯总成有无裂纹、损伤，并做相应记录。

2）检查行李箱、后保险杠漆面有无划痕、损伤，并做相应记录。

3）检查行李箱是否正常开启关闭，并做相应记录。

4）检查行李箱有无贵重物品遗留，如有遗留则做相应处理。

图1-4-10　检查并处理右后门储物槽、右前座椅后背储物袋中贵重物品

5）检查灭火器、三脚架、随车工具、随车充电线是否齐全，并做相应记录。

（8）车辆左后方检查

1）检查慢充口开关状态是否正常，并做相应记录。

2）检查左后车门、翼子板，漆面有无损伤、划痕，并做相应记录。

3）检查轮毂表面有无划痕、磕伤，气门嘴帽有无丢失，并做相应记录。

4）检查轮胎磨损情况，并做相应记录。

5）检查左后门储物槽、左前座椅后背储物袋有无贵重物品遗留，如有遗留则做相应处理。

6）检查安全带，并做相应记录。

（9）客户签字

将环车检查单交客户签字确认。

注意：在环车检查的时候可以向客户提供一下选配设备等。

3. 下维修委托单

1）核对客户信息，包括姓名、联系电话、车牌号等。

2）核对维护项目，说明预计费用。

3）核对维修项目如图1-4-11所示，说明预计费用。

4）说明预计工时及工时费，说明预计总费用。

5）打印维修委托书并请客户签字。

6）说明本次维修/维护的预计时长，并与客户预定取车时间。

7）问询旧件处理方式：带走或环保处理。

8）交于客户取车凭证和进出门凭证。

9）如果客户在店等候取车则引导客户至休息区。

4. 维护、维修作业

对维护、维修作业中查明的问题以及涉及的维修方式和相关费用向客户进行说明，并请客户在维修委托书上签字。

图 1-4-11　核对客户信息及维护、维修项目

5. 竣工检查

1）准备维修委托书、维护手册、行驶证、车钥匙等。

2）进行竣工检查，所有维护项目是否全部完成，所有维修项目是否全部完成，所有选配设备是否安装，车辆是否清洗，带走的旧件是否已经包好放到行李箱里等。

6. 交车检查

（1）请客户出示取车单

（2）向客户说明维护、维修情况

1）向客户说明内饰清洁情况，座椅已经调整到初始状态，维护里程已经复位。

2）打开机舱盖，说明维护作业情况包括各种油液的添加及更换等。

3）向客户说明维修作业的位置及处理方式。

4）向客户说明选配设备的安装位置以及使用方法。

5）打开行李箱，请客户检查行李箱物品及旧件。

7. 结算

1）请客户核对费用清单。

2）打印结算单。

3）请客户在结算单上签字。

4）引导客户到收银台。

8. 取车

1）引导客户到取车位置。

2）与客户预约电话回访时间。

3）取下车内防护三件套包括脚垫、方向盘套和座椅套，粘贴座椅位置标签。

4）提醒下次维护里程数或维护时间，征得客户同意后将维护提示贴粘贴在风窗玻璃上。

5）归还维护手册、行驶证和车钥匙等，如图 1-4-12 所示。如果是冬季则提醒客户对车辆及时充电，如果是夏季则提醒客户雨

图 1-4-12　归还维护手册并提醒客户相关事宜

天不要对车辆进行充电。

 单元小结

1. 售后服务顾问不仅要具有汽车专业理论知识，良好的职业道德修养，较好的气质仪表。除此之外，还要严格按照职业礼仪来规范自己的行为，成为一名优秀的售后服务顾问。

2. 在交流中，提问是交流的一大技巧，适当的提问有助于发现和收集客户的信息，促使准确地把握客户的需求，为客户提供更好的服务。

3. 汽车维修服务流程一般是从预约开始，经过店面接待、维修作业、竣工检验、结算交车，最后跟踪回访。近年来，为了提高服务质量，大部分4S店在此基础上增加了客户招揽。

任务工单1.4

任务名称	新能源汽车维护接待	学时	4	班级	
学生姓名		学生学号		任务成绩	
实训设备、工具及仪器	多媒体教学设备1套、北汽EV160纯电动汽车4辆。	实训场地	理实一体化教室	日期	
客户任务描述	一辆北汽EV160纯电动汽车，进店进行30000km维护（设置几个检查点）。				
任务目的	能够正确规范地完成客户接待任务，并给客户建立良好的店面形象。				

一、资讯

1. 售后服务顾问的着装规范有：
   _____
   _____
   _____。

2. 售后服务顾问的仪容规范有：
   _____
   _____
   _____。

3. 售后服务顾问的行为举止规范有：
   _____
   _____
   _____。

4. 拨打电话的礼仪有：
   _____
   _____。

5. 接听电话的礼仪有：
   _____
   _____。

6. 画出汽车维修服务的流程
   _____
   _____。

7. 环车检查的目的是：_____。

8. 参照下图完成竣工检查流程

```
       ┌─────────┐
       │         │──────→ ┌─────┐ ──合格──→ ┌──────────┐
       │         │        │ 质检 │           │ 记录质检结果 │
       └─────────┘        └─────┘           └──────────┘
            ↑    ←──不合格──┘ │
       ┌─────┐                │合格
       │ 派工 │                ↓
       └─────┘             ┌─────┐       ┌──────┐
                           │     │       │      │
                           └─────┘       └──────┘
                                ↓
                           ╭─────────╮
                           │         │
                           ╰─────────╯
```

二、计划与决策

请根据任务要求，确定所需要的检测仪器、工具，并对小组成员进行合理分工，制订详细的工作计划。

1. 需要的检测仪器、工具

2. 小组成员分工

3. 计划

三、实施

北汽 EV160 纯电动汽车维护接待

（1）店面接待

自我介绍：_____。

情况问询：_____。

登记车辆信息：_____。

（2）环车检查

车内检查内容：_____。

车内检查情况记录：_____。

车外检查内容：_____。

车外检查情况记录：_____。

（3）下维修委托单

注意事项：_____。

（4）维修、维护作业

（5）竣工检查

竣工检查内容：_____。

（6）交车检查

交车检查内容：_____。

（7）结算

注意事项：_____。

（8）取车

取车时的工作有：_____。

四、检查

1. 环车检查时未发现的点有：_____。

2. 检查维护指示灯是否复位：_____。

3. 检查有无预约电话回访时间：_____。
4. 检查有无归还维护手册、行驶证和车钥匙：_____。

五、评估

1. 请根据自己任务完成的情况，对自己的工作进行自我评估，并提出改进意见。

1）_____
_____。

2）_____
_____。

3）_____
_____。

2. 工单成绩（总分为自我评价、组长评价和教师评价得分值的平均值）

自我评价	组长评价	教师评价	总分

学习单元 1.5 新车交付检查

小王在某新能源汽车 4S 店进行工作,今天销售员卖出一辆新车后说要进行新车交付检查,你知道如何规范地进行新车交付检查吗?

1. 能快速找到新车交付中重点检查部位的位置。
2. 能对新车的各种功能进行正确规范的操作。
3. 能根据北汽 EV160 纯电动汽车新车交付检查的内容进行规范的接车 PDI。
4. 能根据北汽 EV160 纯电动汽车新车交付检查的内容进行规范的销售 PDI。
5. 能根据结果正确地填写检查记录单。

1.5.1 新车交付检查的分类及目的

新车交付检查(Pre-Delivery Inspection),简称 PDI。一辆车在从出厂到客户手中之间一般要进行三次 PDI,即出库 PDI、接车 PDI 和销售 PDI。

1. 出库 PDI

出库 PDI 是指商品车交付物流公司发运前进行的质量状态检查,检查单位通常是整车厂的服务管理部技术支持科。目的是:

1)检验新车的性能,保证新车能经由经销商进行销售。
2)形成检查报告,分析提出质量提升计划。

2. 接车 PDI

接车 PDI 是指商品车送达经销商处,经销商进行的车辆质量状态验收检查,检查单位是经销商。目的是:

1)保证从物流公司(运输单位)运来的新车是完好无损的。
2)对有问题的车辆进行责任界定并形成处理方案。

3. 销售 PDI

销售 PDI 是指商品车交付客户前进行的车辆质量状态检查,检查单位是经销商。目的是:

1)验证新车状况并将发现的问题进行记录,提出处理意见。
2)恢复新车的正常工作状态。

为了防止新车在运输过程中发生问题,汽车在离开制造厂前,要将运输中易损坏的零部件拆下另行包装,对一些需要保护的部位加装保护装置等。因此,在进行新车交付检查时,新车必须恢复到正常的工作状态（其主要内容如图 1-5-1 所示），发挥汽车的正常功能，避免用户在使用中发生意外事故。

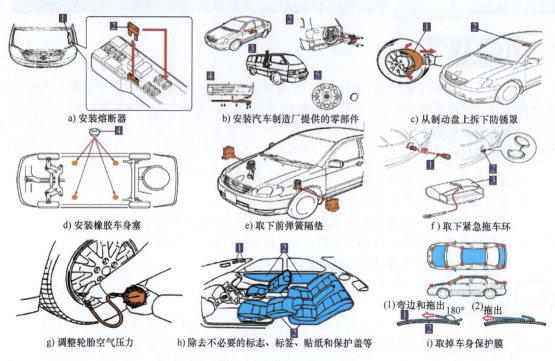

图 1-5-1 恢复新车正常工作状态

销售 PDI 的最终目的是保证新车的安全性和原厂性能。

1.5.2 新车交付的流程

以北汽新能源汽车为例，新车交付到客户期间各阶段的交付流程如下。

1. 新车出库的流程

新车从制造企业到物流公司之前要进行汽车出库 PDI，出库 PDI 检查单位是整车厂，新车出库的流程如图 1-5-2 所示。

2. 4S 店接车流程

新车从物流公司到 4S 店入库之前要进行汽车接车 PDI，接车 PDI 的检查单位是经销商，其检查流程如图 1-5-3 所示。

3. 新车的销售流程

新车从 4S 店到用户手中之前要进行汽车销售 PDI，销售 PDI 的检查单位是经销商，其检查流程如图 1-5-4 所示。

1.5.3 北汽 EV160 纯电动汽车新车交付检查项目

北汽 EV160 纯电动汽车的新车交付检查项目包括配备检查、基本检查、前机舱检查和车辆功能检查，其中配备检查、基本检查与前机舱检查见表 1-5-1，其中需要修理的项目在检查结果内画"×"，不需要修理的画"√"。

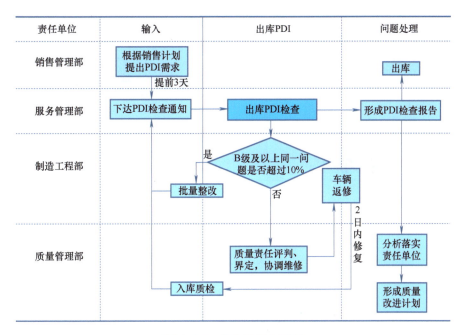

图 1-5-2 新车的出库流程

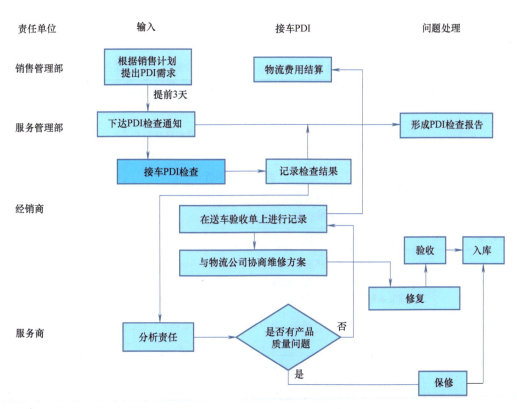

图 1-5-3 4S 店的接车流程

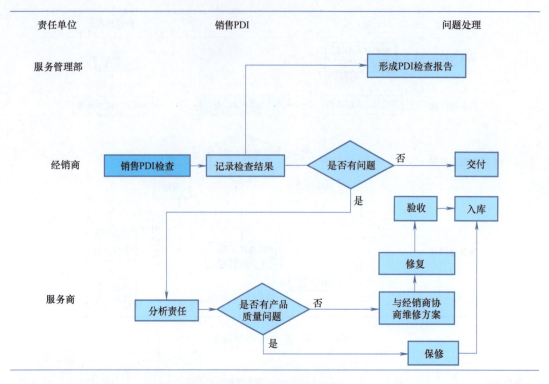

图 1-5-4　新车销售流程

表 1-5-1　北汽 EV160 纯电动汽车的配备检查、基本检查与前机舱检查项目表

检查项目	检查内容	检查结果	签字栏
配备检查			维修人
1. 铭牌及随车资料	有粘贴铭牌；随车资料（导航手册）齐全，资料信息与车辆一致		
2. 随车工具	（备胎，工具三件套，千斤顶）随车工具齐全		
3. 出租车	计价器及计价器遥控面板、顶灯及顶灯钥匙、空车牌、驾驶人信息栏、禁止吸烟贴、座套（两套）		
基本检查			维修人
1. 外观检查	全车漆面，前后风窗玻璃，左右车窗，前后车灯表面无磕碰、划伤；车顶装饰条粘贴良好无损坏；车门、机盖、灯具安装各部缝隙均匀，过渡处无明显阶差		
2. 轮胎	轮胎表面无割伤，胎压正常；轮辋及螺栓无划伤、生锈；翼子板内衬齐全		
3. 内饰检查	门内侧、门框、方向盘、仪表台、档位、中央扶手箱、座椅、地毯、车顶内饰安装可靠，无划伤、无脏污，车内无杂物		

(续)

检查项目	检查内容	检查结果	签字栏
前机舱检查			维修人
1. 目视检查	前机舱中的部件有无渗漏及损伤		
2. 冷却液液位	液位应在 Min-Max 之间		
3. 制动液	储液罐及软管有无漏液或损伤，液位应在 Min-Max 之间		
4. 洗涤液液位	液位应在 Min-Max 之间		
5. 蓄电池	状态、电压，蓄电池接线螺栓是否紧固		
6. 线束	高压线束护套无破损；各插接件连接正常；DC/DC 负极与车身搭铁正常；快充线束低压端与车身搭铁正常		

车辆外观检查如果发现有损伤除了需要在项目检查表中标明以外，还需要在车辆外观损伤标示图中标明，车辆外观损伤标示图如图 1-5-5 所示。

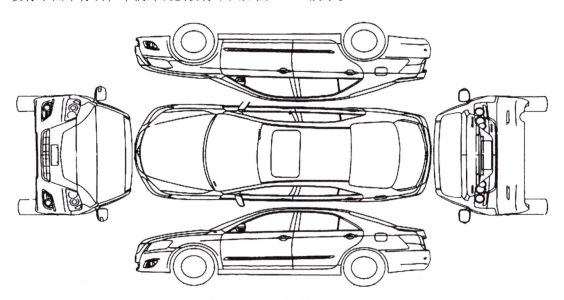

图 1-5-5 车辆外观损伤标示图

车辆功能检查见表 1-5-2，其中需要修理的项目在检查结果内划"×"，不需要修理的划"√"。

表 1-5-2 北汽 EV160 纯电动汽车的车辆功能检查项目表

检查项目	检查内容	检查结果	签字栏
车辆功能检查			维修人
1. 遥控器及钥匙	遥控器及机械钥匙可以有效锁闭及开启 5 门；锁闭后后视镜收起，闪烁灯		
2. 车门及行李箱	4 个车门及行李箱开启和关闭正常		
3. 车门窗	4 个车窗的玻璃升降正常		

(续)

检查项目	检查内容	检查结果	签字栏
4. 中控门锁	使用正常		
5. 主、副驾座椅	座椅调节正常,安全带拉伸及锁闭正常		
6. 仪表盘各项指示灯	上电后各项检测指示灯数秒后正常熄灭		
7. 导航仪及收音机	使用正常		
8. 方向盘	上下调节正常,喇叭正常,媒体调节按钮使用正常,方向盘安装正常		
9. 照明灯光	远光灯、近光灯、雾灯、行李箱灯、光束调节系统使用正常指示灯光转向灯、警示灯、制动灯、倒车灯、牌照灯、示廓灯使用正常		
10. 刮水器	喷水器正常,前后刮水器刷水正常		
11. 空调	制冷和制热正常,风量调节正常,各出风口正常		
12. 后视镜(高配)	两侧及车内后视镜是否正常调节		
13. 天窗(高配)	车内灯、天窗开关正常,车内灯使用正常		
14. 遮阳板及化妆镜	使用正常		
15. 机舱盖、充电口盖	开启、闭合正常		
16. 倒车雷达/影像	使用正常		
17. 换档及驻车制动器	操作功能正常		
18. 车载终端	平台是否可以监控		
19. 充电功能	快、慢充功能正常		
20. 10km 路试	转向、制动、能量回收功能、驻坡能力(20%坡度)、制动真空泵起动正常;行驶有无跑偏、摆振;直线行驶方向盘是否对正		

1.5.4 北汽 EV160 纯电动汽车销售各阶段 PDI 对比

由于新车交付过程中的交付对象不同,因此不同阶段的 PDI 有不同的目的,因此他们的检查项目也不尽相同,其区别见表 1-5-3。

表 1-5-3 新车不同 PDI 的对比

类别	检查内容	检查记录	反馈时间	实施单位
出库 PDI	包括快、慢充电以及动态路试 10km 的所有项目检查	北汽新能源商品车 PDI 检查记录表	检查完后半小时以内	服务管理部
接车 PDI	主要做外观检查、配备检查和前机舱检查。重点检查车辆在运输途中有无剐蹭、划伤、脏污等	北汽新能源商品车 PDI 检查记录表	每周一反馈检查记录单	经销商
销售 PDI	除动态路试 10km 外的所有检查	北汽新能源商品车 PDI 检查记录表	每周一反馈检查记录单	经销商

1.5.5 北汽 EV160 纯电动汽车销售 PDI

1. 配备检查

(1) 铭牌及随车资料检查　检查 VIN 码、铭牌，VIN 码位置在仪表板的左侧、前风窗玻璃左下方，如图 1-5-6 所示，铭牌位置在副驾驶门锁柱下方，如图 1-5-7 所示；随车资料（质量保证书、使用说明书、导航手册）是否齐全，资料信息与车辆是否一致。

图 1-5-6　VIN 码位置

图 1-5-7　车辆铭牌位置

(2) 随车附件检查　检查备胎、随车充电线是否缺失，随车充电线如图 1-5-8 所示。打开随车工具包，检查各工具是否齐全。

随车工具如图 1-5-9 所示，包括：车轮扳手、摇动手柄总成、拖车钩、千斤顶总成和三角警告标识牌总成。

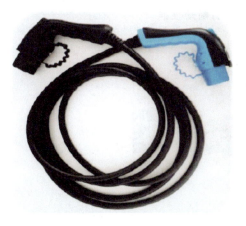

图 1-5-8　纯电动汽车随车充电线

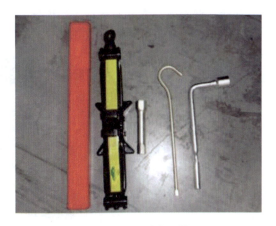

图 1-5-9　随车工具

2. 基本检查

(1) 外观检查　绕车一圈检查车辆的外观，是否有碰撞、变形，漆面是否有色差、掉漆、锈蚀等现象。

（2）**轮胎检查**　检查轮胎（包括备胎）表面有无割伤、胎压是否正常，如图1-5-10所示，若胎压明显偏低，则需要按照轮胎压力标签上所示气压值进行充气；轮辋及螺栓有无划伤、生锈；翼子板内衬是否齐全等。

（3）**内饰检查**　主要检查各内饰件表面是否有划痕、脏污，边缘位置是否有毛刺，各结合处间隙是否均匀等。

3. 前机舱检查

（1）**检查前机舱**　检查前机舱中的部件有无渗漏及损伤。

（2）**检查冷却液液位**　冷却液液位应在最小刻度（Min）和最大刻度（Max）之间，并接近最大刻度，如图1-5-11所示，不够则要进行补充。

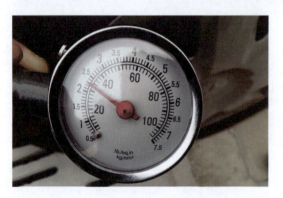

图1-5-10　用胎压表检查各轮胎压

图1-5-11　冷却液液位

（3）**检查制动液液位**　检查储液罐及软管有无漏液或损伤。制动液液位应在最小刻度（Min）和最大刻度（Max）之间，如图1-5-12所示。不足时应用同型号制动液补足，不得用其他液压油替代。

注意：制动液如有渗漏则应立即报修，以免影响制动性能。

图1-5-12　制动液液位

（4）**检查洗涤液液位**　洗涤液液位应在最小刻度（Min）和最大刻度（Max）之间。

（5）**检查蓄电池状态**　检查蓄电池状态（电眼颜色应为绿色）、电压应在12V左右，蓄电池接线螺栓是否紧固。

(6) 检查高低压线束 检查线束表面无破损,各插接件结合紧密、牢固,DC/DC 负极搭铁连接牢固,快充线束低压端子搭铁连接牢固。

4. 车辆功能检查

(1) 检查遥控器及车门 如图 1-5-13 所示,遥控器及车钥匙应能有效锁闭及开启 5 门;锁闭车辆后后视镜应收起,灯光应闪烁。检查车门及行李箱门打开和关闭是否顺畅,门铰链有无锈蚀。

(2) 检查电动车窗、门锁 如图 1-5-14 所示 A 为四门玻璃升降开关、B 为五门中控门锁,按动开关检查电动车窗升降是否正常、门锁开关是否正常等。

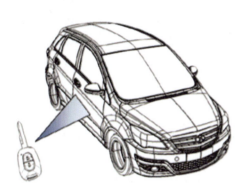

图 1-5-13 遥控器

图 1-5-14 左前门组合开关

(3) 检查座椅及安全带 座椅及头枕不得有脏污、破损、材料不一致等现象,座椅前后位置、靠背角度在调节时应当轻松、平顺、无卡滞现象,座椅前后调节扳手及靠背角度调节扳手位置如图 1-5-15 所示。

图 1-5-15 座椅前后调节扳手及靠背角度调节扳手位置
A—座椅前后调节扳手 B—座椅靠背角度调节扳手

检查安全带是否能够平稳拉出,迅速拉出安全带时是否能够锁止,松开安全带时是否能够自动地平滑回收。

(4) 检查方向盘及附件 方向盘安装应正常,方向盘调节功能应正常,如图 1-5-16 所示。方向盘上媒体调节按钮(如图 1-5-17)应使用正常,音量大小调节、换台调节功能应正常。喇叭开关按钮按动灵便,无异常声。按下喇叭开关,喇叭能够正常工作,声音清脆、洪亮，无沙哑的迹象。

图 1-5-16　方向盘调节扳手位置

图 1-5-17　方向盘上媒体调节按钮

(5) 检查导航仪及收音机　导航仪应运行流畅，无卡滞、死屏等现象。检查音响系统应能工作正常，收音机调节功能正常。

(6) 检查组合仪表　将车钥匙置于 START 位，仪表上所有检测指示灯闪烁数秒后正常熄灭。

(7) 检查整车灯光　将车钥匙置于 START 位，检查前示廓灯、近光灯、远光灯、前雾灯、左前转向灯、右前转向灯、警示灯，应正常；检查后示廓灯、牌照灯、制动灯、左后转向灯、右后转向灯、后雾灯、行李箱灯，应正常。车内灯应能正常使用。

(8) 检查前后刮水器　将车钥匙置于 START 位，打开前后刮水器，前后刮水器进入工作状态，刮片在玻璃上运动顺畅，无异响、跳动情况。喷水器应正常工作。

(9) 检查空调　将车钥匙置于 START 位，打开 A/C 开关，检查制冷制热功能是否正常（冷热调节旋钮如图 1-5-18 中 B 所示），检查风量调节是否正常（风量调节旋钮如图 1-5-18 中 A 所示），检查各出风口是否正常，检查风量调节功能是否正常。

图 1-5-18　空调控制面板
A—空调开关按键和风量调节旋钮　B—内循环开关按键和冷热调节旋钮

(10) 检查倒车雷达及后视镜　将车钥匙置于 START 位，倒车雷达应能正常使用；检查两侧后视镜，图 1-5-14 中 C 所示为后视镜调节旋钮，调节电动后视镜。左右电动后视镜均应可以在上下、左右两个方向上调整以及折叠 90°。检查车内后视镜，应能正常调节。

(11) 检查车顶灯　如图 1-5-19 所示，顶灯开关在 DOOR 位时，顶灯在车门未关情况下应能点亮，在四门都关闭情况下能自动熄灭；开关处在 ON 位时，顶灯应一直亮。

(12) 检查天窗功能　将车钥匙置于 ON 位，天窗应能正常开启关闭。

(13) 检查遮阳板及化妆镜　检查左、右遮阳板的内外表面是否有划痕或破损，化妆镜是否有破损，遮阳板固定座是否牢固，左、右遮阳板向下和分别向左右方向翻转是否自如，并且在翻转过程中有一定的阻力，遮阳板可以翻转在中间任意位置，并能够保持不动。调节时不得有发卡、异响等现象。

图 1-5-19　车顶灯及开关

(14) 检查机舱盖、充电口盖开关状态　在主驾驶室下门框附件有充电口解锁拉手，拉动充电口盖拉手，检查充电口盖锁功能是否完好。在主驾驶室仪表盘左下方有机舱盖解锁拉手，拉动机舱盖拉手，应能正常打开机舱盖。

(15) 检查驻车制动器　完全放松驻车制动器后拉动手柄，正常情况下棘轮的响声次数不应该超过 7 下。

(16) 检查档位操纵旋钮　旋钮表面应无划痕、脏污等，档位调节功能应正常。

(17) 检查车载终端　将车辆正常起动，中控仪表台"READY"指示灯点亮后，观察车载终端所有指示灯状态；车载终端安装在副驾座椅下方。监控终端共有六个指示灯，Run 灯应是红色闪烁状态，Can1、Can2、Gps、Gprs、SD 灯应是绿色常亮状态。

(18) 检查车辆充电功能　首先进行正确充电操作，再观察充电桩液晶显示屏，慢充显示 12A 以上；快充显示 40A 以上，表明快、慢充电功能正常。

单元小结

1. 新车交付检查（Pre-Delivery Inspection），简称 PDI。一辆车在从出厂到客户手中之间一般要进行三次 PDI，分别为出库 PDI、接车 PDI 和销售 PDI。

2. 新车从制造企业到物流公司之前要进行汽车出库 PDI，出库 PDI 检查单位是整车厂。

3. 新车从物流公司到 4S 店入库之前要进行汽车接车 PDI，接车 PDI 的检查单位是经销商。

4. 新车从 4S 店到用户手中之前要进行汽车销售 PDI，销售 PDI 的检查单位是经销商。

5. 北汽 EV160 纯电动汽车的新车交付检查项目包括配备检查、基本检查、前机舱检查和车辆功能检查。

任务工单 1.5

任务名称	新车交付检查	学时	4	班级	
学生姓名		学生学号		任务成绩	
实训设备、工具及仪器	多媒体教学设备 1 套、北汽 EV160 纯电动汽车 4 辆。	实训场地	理实一体化教室	日期	
客户任务描述	卖出一辆北汽 EV160 纯电动汽车，进行交付前检查。				
任务目的	能够正确规范地完成新车交付检查，并记录检查结果。				

一、资讯

1. PDI 是指 _____，一辆车在从出厂到客户手中之间一般要进行三次 PDI，分别为 _____、_____、_____，其中有两次 PDI 的检查单位是汽车经销商，这两次分别是 _____、_____。

2. 将下图中空白处填上相应的作业

责任单位	销售PDI	问题处理

服务管理部

经销商 —— 记录检查结果 —— 是否有问题 —— 否 ——
　　　　　　　　　　　　　　　　　是
　　　　　　　　　　　　　　　　　　　　　　　　　　验收

服务商 —— 分析责任 —— 是否有产品质量问题 —— 否 ——
　　　　　　　　　　　　　　　　　是

3. 北汽 EV160 纯电动汽车的新车交付检查项目包括 _____、_____、_____ 前机舱检查和 _____。

4. 将下表中空白处填上相应的作业

前机舱内检查	检查部位或相应的检查方式
目视检查	
冷却液液位	
制动液	
洗涤液液位	
蓄电池	
线束	

二、计划与决策

请根据任务要求，确定所需要的检测仪器、工具，并对小组成员进行合理分工，制订详细的工作计划。

1. 需要的检测仪器、工具

2. 小组成员分工

3. 计划

三、实施

北汽 EV160 销售 PDI

1. 配备检查

（1）铭牌及随车资料

铭牌位置：_____。

VIN 码位置：_____。

随车资料有：

（2）随车附件检查

随车附件有：
_____

2. 基本检查

1）外观检查：_____
_____。

2）轮胎检查：_____
_____。

3）内饰检查：_____
_____。

3. 前机舱检查

1）损伤及渗漏：_____
_____。

2）各液位检查：_____
_____。

3）蓄电池检查：_____
_____。

4）高低压线束检查：_____。

4. 车辆功能检查

1）检查遥控器及车门：_____。

2）检查电动车窗、门锁：_____。

3）检查座椅及安全带：_____。

4）检查方向盘及附件：_____。

5）检查导航仪及收音机：_____。

6）检查组合仪表：_____。

7）检查整车灯光：_____。

8）检查前后刮水器：_____。

9）检查空调：_____。

10）检查倒车雷达及后视镜：_____。

11）检查车顶灯：_____。

12）检查天窗功能：_____。

13）检查遮阳板及化妆镜：_____。

14）检查机舱盖、充电口盖开关状态：_____。

15）检查驻车制动器：_____。

16）检查档位操纵旋钮：_____。

17）检查车载终端：_____。

18）检查车辆充电功能：_____。

四、检查

1. 销售 PDI 时未发现的点有：_____
_____。

2. PDI 检查项目表是否正确填写。

五、评估

1. 请根据自己任务完成的情况，对自己的工作进行自我评估，并提出改进意见。

1）_____
_____。

2）_____
_____。

3）_____
_____。

2. 工单成绩（总分为自我评价、组长评价和教师评价得分值的平均值）

自我评价	组长评价	教师评价	总分

学习情境 2
纯电动汽车维护与保养

🡪 学习目标

- ➢ 能正确对纯电动汽车进行充电作业；
- ➢ 能规范地完成动力电池及充电系统的维护作业；
- ➢ 能快速规范地完成减速驱动桥油的添加或更换；
- ➢ 能准确规范地进行制动真空助力系统的检漏作业；
- ➢ 能正确规范地使用制动液抽吸机完成制动液的更换作业或制动系统排气作业；
- ➢ 能正确规范地完成制动摩擦片的更换作业；
- ➢ 能熟练地使用冰点测试仪对冷却液、洗涤液进行冰点测试；
- ➢ 能正确规范地使用绝缘电阻表（兆欧表）对电动压缩机、快充口等完成绝缘电阻测试；
- ➢ 能正确规范地对冷却系统进行检漏及更换冷却液作业；
- ➢ 能根据环保要求，正确处理对环境和人体有害的辅料、废气液体和损坏零部件。

学习单元 2.1　动力电池维护与保养

小王在某新能源汽车 4S 店实习，今天带队师傅告诉他要对某品牌纯电动汽车动力电池进行维护作业，你知道纯电动汽车动力电池维护内容有哪些吗？对其进行维护时有什么注意事项吗？

1. 能快速找到动力电池的安装位置、各标识的位置和插接件位置。
2. 能正确地对纯电动汽车充电系统进行检查作业。
3. 能正确对纯电动汽车进行充电作业。
4. 能对纯电动汽车动力电池进行维护作业。
5. 能正确进行快充口及高压系统的绝缘测试。

动力电池是纯电动汽车中成本最高的，约占整车成本的 25%～60%；而目前其使用寿命为 3～7 年，小于整车的使用寿命（10～15 年）。合理的维护，可以最大限度地延长动力电池的使用寿命，从而达到降低汽车使用成本的目的。

2.1.1　纯电动汽车对动力电池的要求

1. 比能量高

为了提高纯电动汽车的续驶里程，要求电动汽车上的动力电池尽可能储存多的能量，但电动汽车又不能太重，其安装电池的空间也有限，这就要求电池具有高的比能量。

2. 比功率大

为了能使电动汽车在加速行驶、爬坡和负载行驶等方面能与燃油汽车相竞争，就要求电池具有高的比功率。

3. 循环寿命长

循环寿命越长，则电池在正常使用周期内支撑电动汽车行驶的里程数就越大，有助于降低车辆在使用周期内的运行成本。

4. 均匀一致性好

对于电动汽车而言，电池组的工作电压大多都要达到数百伏，这就要求电池组有上百只电池进行串联；为达到设计容量要求，有时甚至需要更多。某一个单体电池的问题可能会影响整个动力电池组，从而导致电动汽车出现能量损失增加、续驶里程变短等问题。

2.1.2　纯电动汽车的电能补充

纯电动汽车的电能补充可以分为两种模式，即充电模式和换电模式。其中换电又称为机械充电,它是通过直接更换已充满电的动力蓄电池来达到电动汽车电能补充的目的。纯电动汽车动力蓄电池放电后,用直流电源连接动力蓄电池,将电能转化为动力蓄电池的化学能,使它恢复工作能力,这个过程称为动力蓄电池充电。动力蓄电池充电时,动力蓄电池正极与充电电源正极相连,动力蓄电池负极与充电电源负极相连,充电电源电压必须高于动力蓄电池的总电动势。

目前,由于换电模式面临着:换电站建设成本太高;各个企业的电动车技术标准不同,电池标准也千差万别;车企普遍不愿意共享技术标准等问题,因而发展较慢。随着2012年国务院印发的《节能与新能源汽车产业发展规划(2012—2020年)》出台,确立了以充电为主的电动汽车发展方向。

合适的充电方式不仅能够最大限度地发挥电池的容量,而且可以延长电池的使用寿命。电动汽车的充电方式可分为交流充电和直流充电两种:消费者在自家充电一般采用专业公司安装的充电墙盒进行交流充电,在公共停车场或充电站一般采用交流桩进行交流充电或采用直流桩进行直流充电。

1. 交流充电

纯电动汽车交流充电方式以较低的充电电流对电动车进行充电(其充电过程如图2-1-1所示),一般充电时间较长,也就是通常说的慢充。交流充电方式的充电装置安装成本比较低,电动汽车家用充电设施(车载充电机)多采用这种充电方式。充电时段可以充分利用电力低谷时段

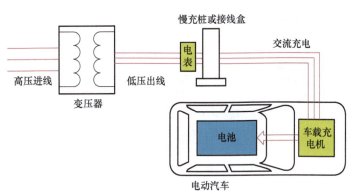

图 2-1-1　电动汽车交流充电示意图

进行充电,降低充电成本,提高充电效率,并延长电池的使用寿命。

2. 直流充电

直流充电方式以较高的充电电流在短时间内为蓄电池充电(其充电过程如图2-1-2所示),充电时间短,也就是通常说的快充。直流充电方式的充电装置安装成本相对较高,充电时电能利用率较低,对电池寿命也有一定的影响。

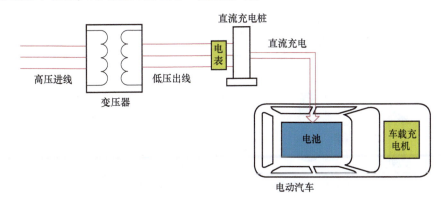

图 2-1-2　电动汽车直流充电示意图

2.1.3 北汽 EV160 纯电动汽车的动力电池及充电系统

1. 北汽 EV160 纯电动汽车的动力电池

北汽 EV160 纯电动汽车动力电池箱（图 2-1-3）通过 10 个螺栓和车身连接，安装在整车下部。动力电池箱主要起到保护动力电池的作用，因此箱体要坚固、防水。箱体可以分为上箱体和下箱体。上箱体一般不会受到冲击，并且为了减轻重量采用玻璃钢材质。下箱体在整车的下部，为了防止遇到路面磕碰等情况而伤害动力电池，采用铸铁材质。上下箱体之间通过硅酮胶进行密封，并有定位装置进行定位。

北汽 EV160 纯电动汽车动力电池如图 2-1-4 所示，主要由两大部分组成，即电池管理系统和电池本体部分。其中电池管理系统相当于动力电池的神经中枢，主要对电池状态进行检测、对电池电量等进行管理。电池本体部分主要由动力电池组、动力电池箱及辅助器件三部分组成。

图 2-1-3　北汽 EV160 纯电动汽车动力电池箱　　　图 2-1-4　北汽 EV160 纯电动汽车动力电池

2. 北汽 EV160 纯电动汽车的充电系统

北汽 EV160 纯电动汽车的充电系统可以分为动力电池充电系统和低压蓄电池充电系统。动力电池充电系统是指利用外接电源给动力电池充电，低压蓄电池充电系统是指利用动力电池给低压蓄电池充电。

(1) 动力电池充电系统　动力电池充电系统如图 2-1-5 所示，包括交流慢充和直流快充两种方式。慢充时，供电设备（慢充桩或家用交流电）通过慢充线、慢充口将交流电提供给车载充电机，车载充电机将其变成高压、直流电之后，送入高压控制盒，然后给动力电

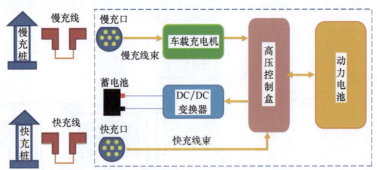

图 2-1-5　北汽 EV160 纯电动汽车动力电池充电系统

池进行充电。快充时，供电设备（一般为快充桩）通过快充线、快充口将高压直流电提供给高压控制盒，然后给动力电池进行充电。

北汽 EV160 纯电动汽车高配车型还具有远程充电控制功能，车主可以打开手机 APP 通过车辆控制（图 2-1-6）进行一些远程操作，比如远程充电等。低配车型尚无此功能。

（2）**低压蓄电池充电系统**　低压蓄电池充电系统是动力电池通过 DC/DC 变换器给蓄电池充电或给低压用电设备供电。图 2-1-7 所示为北汽 EV160 纯电动汽车的 DC/DC 变换器。

图 2-1-6　北汽 EV160 纯电动汽车
手机 APP 远程车辆控制功能

图 2-1-7　北汽 EV160 纯电动
汽车 DC/DC 变换器

2.1.4　纯电动汽车的换电模式

纯电动汽车的换电模式是指当纯电动汽车电池电量不足时直接更换已经充满电的电池，达到快速补充电能的目的。

1. 换电模式存在的问题

1）换电站建设成本太高；
2）各个企业的电动汽车技术标准不同，电池标准也千差万别；
3）车企普遍不愿意共享技术标准。

2. 换电模式的优点

（1）**电能补充快**　以天津海泰综合充换电站为例，一般给一辆电动公交车进行换电操作只需 12min 就可以完成，与内燃机汽车加油所需时间基本相同。图 2-1-8 所示为一辆电动出租车在纯电动汽车充换电站进行换电操作，整个换电过程在 5min 左右。可见，换电操作节省了大量的充电等待时间，大大提高了客户使用的方便性。

（2）**提高电池的使用寿命，降低使用成本**　换电站给动力电池充电的过程同时也是对动力电池的维护过程，这对提高动力电池的寿命是非常有利的。同时，换电模式还减少了动力电池进行快速充电的次数,这也提高了电池的使用寿命。由于电动汽车的成本中动力电池占了相当大的比例,提高电池的使用寿命就意味着降低了电动汽车的使用成本。

图 2-1-8　电动出租车在充换电站进行换电

(3) 解决了充电难问题　目前,充电桩的数量远远不能满足电动汽车的充电需求,是电动汽车发展的一大制约条件。换电模式由于更换电池需要时间短,因此可以短时间内满足电动汽车补充电能的需求。如果换电站的数量达到一定规模,甚至电动汽车续驶里程短的缺陷都能得到解决。

动力电池是纯电动汽车的储能元件,若受碰撞、挤压则可能导致动力电池损坏甚至造成事故;汽车的运行振动环境可能会导致紧固件松脱、线束磨损,使其可靠性降低甚至引发危险。因此,对动力电池及充电系统的维护,首先要从安全入手,保证其在使用过程中的安全性。

在对动力电池及充电系统维护时,部分作业需要带高压作业,因此要做好个人及车间防护工作,作业时要注意规范性。

2.1.5　北汽 EV160 纯电动汽车充电系统维护

1. 慢充检查

(1) 慢充口盖开关状态检查

1) 检查慢充口盖能否正常开启与关闭。在主驾驶室下门框附近有充电口盖解锁拉手(充电口盖解锁拉手位置如图 2-1-9 所示),拉动充电口盖解锁拉手,则慢充口盖应正常打开,如图 2-1-10 所示。检查慢充内外盖能否正常开、关。

2) 检查充电指示灯。当慢充口盖打开时,仪表充电指示灯应常亮;当充电口盖关闭时,仪表充电指示灯应熄灭。

> 注意:如果慢充口盖出现问题,车辆将无法正常起动。

(2) 充电线及充电插头检查

1) 检查充电线外观有无裂纹、破损等情况。
2) 检查充电插头有无裂纹、破损等情况。

图 2-1-9 充电口纯电动汽车解锁拉手

图 2-1-10 慢充口盖开启状态

注意：充电过程中充电线会产生热量，如有破损，应及时更换，避免对人员及车辆造成损伤。

（3）充电测试

注意：进行充电前要保证起动开关位于 OFF 位置，驻车制动应拉紧，并且换档旋钮在 N 位。

1）将慢充线连接到充电机上（或将交流充电线 2 连接到可靠接地的 220V/16A 交流电源上），北汽 EV160 纯电动汽车随车配备的充电线如图 2-1-11 所示。

2）按下充电枪开关，充电枪开关位置如图 2-1-11 所示。

3）将充电枪插入慢充口。

4）确保连接正常后，松开充电枪开关。

5）观察仪表盘，应显示充电状态。

6）打开机舱盖，检查车载充电机工作状态。

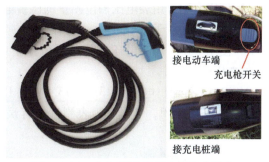

图 2-1-11 北汽 EV160 纯电动汽车随车配备的充电线及充电枪开关位置

车载充电机各指示灯的定义见表 2-1-1。

表 2-1-1 车载充电机各指示灯的定义

名称	标记	颜色	状态	定义
电源指示灯	Power	绿色	亮	车载充电机接通交流电源
			不亮	车载充电机供电出现故障
充电指示灯	Charge	绿色	亮	车载充电机进入充电状态
			不亮	电池已充满或电池无充电请求
报警指示灯	Error	红色	亮	慢充系统出现故障

当充电正常时，Power 灯和 Charge 灯应都点亮。当 Power 灯亮起半分钟后 Charge 灯仍然

不亮,则说明电池已充满或电池无充电请求。当 Error 灯点亮时,说明慢充系统出现异常。当 Power 灯不亮时,说明车载充电机供电出现故障,应检查充电桩、充电线束及插接件。

2. DC/DC 功能测试

DC/DC 功能测试主要是检测 DC/DC 输出电压,检测方法为:

1)将车钥匙置于 OFF 位置,断开所有用电器并拔出钥匙;
2)按压低压蓄电池锁压件,如图 2-1-12 所示,打开盖板并裸露出低压蓄电池正极;

图 2-1-12　低压蓄电池锁压件及锁扣位置

3)使用专用万用表电压档位测量低压蓄电池的电压(并记录此电压值);
4)将车钥匙置于 ON 位置;
5)使用专用万用表电压档位测量低压蓄电池的电压,这时所测的电压值就是 DC/DC 输出的电压。

DC/DC 正常输出电压为 13.2 ~ 13.5V 或 13.5 ~ 14V(关闭车上的用电设备的情况下)。车上用电设备未关闭、专用万用表测量值有误差或 DC/DC 故障都会导致 DC/DC 输出电压小于规定值。

3. 快充口绝缘检测

1)检查绝缘手套绝缘等级;
2)检查绝缘手套密封性;
3)佩戴绝缘手套;
4)穿上绝缘鞋;
5)将兆欧表(图 2-1-13)档位旋至 500V;
6)打开快充接口外盖;
7)打开快充接口内盖;
8)用兆欧表检测快充接口 DC + 端子与车身之间的绝缘电阻,绝缘电阻值应大于 2.5MΩ,快充接口 DC + 端子如图 2-1-14 所示;

图 2-1-13　兆欧表

9)用兆欧表检测快充接口 DC - 端子与车身之间的绝缘电阻,绝缘电阻值应大于 2.5MΩ,快充接口 DC - 端子如图 2-1-14 所示。

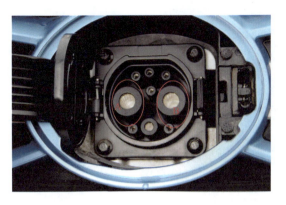

图 2-1-14 快充接口
A—DC－端子　B—DC＋端子

注意：如果绝缘电阻值小于标准值，应立即检查并更换快充线束。

2.1.6　动力电池系统维护

1. 外观检查

1）举升车辆目测动力电池底部（图 2-1-15）有无磕碰、划伤、损坏的现象。如有这些现象应及时予以修理或更换。

2）目测动力电池高低压插接件（图 2-1-16）有无变形、松脱、密封及损坏等情况。如有这些现象应及时予以修理或更换。

图 2-1-15　动力电池底部　　　　　　图 2-1-16　动力电池高低压插接件

3）检查标识有无脱落，动力电池标识如图 2-1-17 所示。
4）动力电池固定螺栓力矩检测，固定螺栓标准力矩为 95～105N·m。

图 2-1-17　动力电池标识

2. BMS 维护

(1) CAN 电阻检查

目的：确保 BMS 与外界通信质量。

方法：用万用表欧姆档测量 CAN1（3）-H 对 CAN1（3）-L 的电阻，其端子定义如图 2-1-18所示，CAN1（3）-H 对 CAN1（3）-L 分别对应端子 P 和端子 R，测量阻值应为 120Ω。

图 2-1-18　动力电池低压插接件端子定义

B—BMS 供电正极　C—唤醒信号　F—负极继电器控制　G—BMS 供电负极　H—继电器供电正极　J—继电器供电负极　L—低压蓄电池正极　N—新能源 CAN 屏蔽　P—新能源 CAN-H　R—新能源 CAN-L　U—动力电池内部 CAN-H　V—动力电池内部 CAN-L　S—快充 CAN-H　T—快充 CAN-H　W—动力电池 CAN 屏蔽

(2) BMS 程序升级　动力电池厂家会定期要求对 BMS 系统软件进行升级，以获得更佳的控制效率。该项工作一般采用专用仪器按照厂家升级规范进行。

3. 动力电池测试

(1) 单体电池一致性测试

(2) 电箱内部温度采集点检查

目的：确保测温点工作正常，采集点合理。

方法：电脑监控温度与红外测温仪所得温度对比，检查温度传感器精度。

(3) 继电器测试

目的：防止继电器损坏，车辆无法正常上高压。

方法：用监控软件启动关闭总正、总负继电器。

(4) 电池加热系统测试

目的：确保加热系统工作正常，避免冬季影响充电。

方法：电池箱通12V电源，打开监控软件，启动加热系统，利用软件读取电池温度。

(5) 绝缘测试

> 注意：进行绝缘测试前，要按照规范操作进行下电作业。

目的：掌握电动汽车高压系统的运行状况，保证其绝缘的完好性，判断电气设备能否继续投入运行和预防损坏，使设备始终保持在较高的绝缘水平。

方法：将高压盒打开，用绝缘表测试继电器两端总正、总负对地电阻，阻值均应大于 $500\Omega/V$（1000V）。其操作过程与快充口绝缘测试一致，不在此赘述。

4. 动力箱内部维护

(1) 模组连接件检查

目的：防止螺钉松动，造成故障。

方法：用做好绝缘的扭力扳手紧固，拧紧力矩为35N·m。

(2) 电压采集线检查

目的：防止电压采集线连接不牢固，导致所测电压数据不准确。

方法：将电压采集线从板插接件拔下、安装一次。

(3) 熔断器检查

目的：检查熔断器状态是否良好，保证遇到事故时可正常工作。

方法：用万用表二极管档测量通断。

(4) 电箱密封检查

目的：保证电箱密封良好，防止有水进入。

方法：目测密封条或更换密封条。

(5) 高低压插接件可靠性检查

目的：确保插接件正常使用。

方法：检查是否有松动、破损、腐蚀等情况。

(6) 电池包安装点检查

目的：防止电池包脱落。

方法：目测检查每个安装点焊接处是否有裂纹。

（7）保温检查

目的：确保冬季电池包内部温度。

方法：目测检查电池包内部边缘保温棉是否脱落、损坏。

（8）电池包高低压线缆检查

目的：确保电池包内部线缆正常、不漏电。

方法：检查电池包内部线缆是否破损、是否受挤压变形。

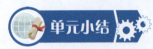

1. 纯电动汽车电能补充方式有充电与换电两种，其中充电又可以分为快充与慢充两种。
2. 纯电动汽车充电系统的维护内容主要有：慢充检查、DC/DC 功能测试及快充口绝缘检测。
3. 动力电池的维护内容主要有：电池箱外观检查、BMS 通信检查及程序升级、动力电池相关测试等。

任务工单 2.1

任务名称	动力电池维护与保养		学时	4	班级	
学生姓名			学生学号		任务成绩	
实训设备、工具及仪器	多媒体教学设备 1 套,北汽 EV160 纯电动汽车 4 辆,北汽解码仪 4 套,车间安全用具 4 套,个人安全防护用具 8 套,兆欧表 4 块,红外测温仪 4 台。		实训场地	理实一体化教室	日期	
客户任务描述	一辆北汽 EV160 纯电动汽车,距离下次维护还有 200km,现在要进行动力电池维护。					
任务目的	能够正确、规范地对纯电动汽车进行充电系统、动力电池系统进行维护作业。					

一、资讯

1. 纯电动汽车对动力电池的要求有_____、_____、_____、_____。
2. 纯电动汽车的电能补充模式有_____、_____。
3. 北汽 EV160 纯电动汽车的动力电池主要由两大部分组成,即_____、_____。
4. 对图中未标注名称的给予标注。

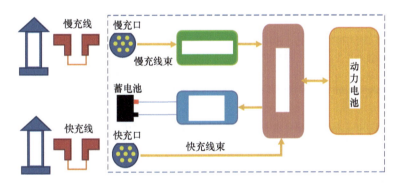

5. 北汽 EV160 纯电动汽车的低压蓄电池充电系统是_____通过_____给蓄电池充电或给低压用电设备供电。

二、计划与决策

请根据任务要求,确定所需要的检测仪器、工具,并对小组成员进行合理分工,制订详细的工作计划。

1. 需要的检测仪器、工具

2. 小组成员分工

3. 计划

三、实施

1. 北汽 EV160 纯电动汽车的充电系统维护

（1）慢充检查

拉动充电口盖拉手，检查慢充口盖是否打开。	是 □	否 □	现象：_____。
检查慢充口是否能正常开闭。	是 □	否 □	现象：_____。
检查仪表盘充电指示灯是否正常开启。	是 □	否 □	现象：_____。
检查充电线及充电插头是否有破损、开裂等。	是 □	否 □	现象：_____。
检查随车充电线及充电插头是否有破损、开裂等。	是 □	否 □	现象：_____。
充电测试，观察仪表盘是否显示充电状态。	是 □	否 □	现象：_____。

打开机舱盖，观察充电机状态。　　　　　　　　现象：_____。

（2）DC/DC 功能测试

检查蓄电池电压。　　　　　　　　　　　　　　数值为：_____。
检查 DC/DC 输出电压。　　　　　　　　　　　 数值为：_____。

（3）快充口绝缘检测

检查并穿戴个人防护用具。
用兆欧表检测快充接口 DC＋端子与车身之间绝缘电阻。阻值为：_____。
用兆欧表检测快充接口 DC－端子与车身之间绝缘电阻。阻值为：_____。

2. 北汽 EV160 纯电动汽车动力电池维护

（1）外观检查

检查动力电池底部是否有磕碰、划伤、损坏的现象。	是 □	否 □	现象：_____。
动力电池高低压插接件是否有变形、损坏等情况。	是 □	否 □	现象：_____。
检查标识是否有脱落。	是 □	否 □	现象：_____。

检查动力电池螺栓紧固力矩。　　　　　　　　　数值为：_____。

（2）BMS 维护

用兆欧表欧姆档测量电池箱端低压插件端子 P 和端子 R 间的电阻。　数值为：_____。

（3）动力电池测试

读取电脑显示的动力电池温度。　　　　　　　　数值为：_____。
用红外测温仪读取动力电池温度。　　　　　　　数值为：_____。

四、检查

1. 在对北汽 EV160 纯电动汽车充电系统进行维护的过程中，操作不规范的地方有：_____
_____。

2. 在对北汽 EV160 纯电动汽车动力电池维护的过程中，操作不规范的地方有：_____
_____。

3. 进行慢充操作，仪表盘显示为：_____
打开机舱盖，车载充电机指示灯状态为：_____
4. 测量电池箱端低压插接件端子 P 和端子 R 间的电阻，数值为：_____
5. 进行上电操作，检查能否正常上电：_____。

五、评估

1. 请根据自己任务完成的情况，对自己的工作进行自我评估，并提出改进意见。

1）_____
_____。

2）_____
_____。
3）_____
_____。

2. 工单成绩（总分为自我评价、组长评价和教师评价得分值的平均值）

自我评价	组长评价	教师评价	总分

学习单元2.2　驱动及冷却系统维护与保养

小王在某新能源汽车4S店实习，今天带队师傅告诉他要对某品牌纯电动汽车驱动系统进行维护作业，你知道纯电动汽车驱动系统维护内容有哪些吗？对其进行维护时有什么注意事项吗？

1. 能快速找到驱动系统各零部件的安装位置、高低压线束及插接件的位置。
2. 能正确对电机控制器进行维护。
3. 能正确地对减速驱动桥进行换油作业。
4. 能正确更换或添加冷却液。
5. 能正确对冷却液进行冰点测试。

2.2.1　纯电动汽车驱动系统

1. 纯电动汽车驱动系统组成及工作原理

纯电动汽车驱动系统（图2-2-1）主要由电控单元、驱动电机、电动机逆变器、各种传

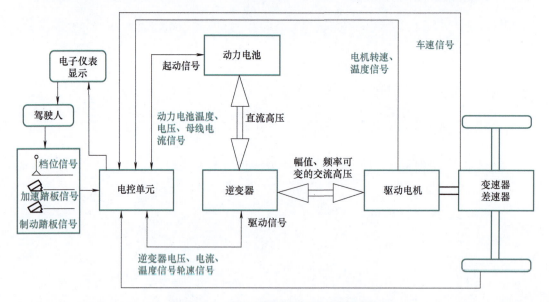

图2-2-1　纯电动汽车驱动系统原理图

感器（加速踏板位置传感器、制动踏板开关、电机温度传感器等）、机械传动装置（变速器和差速器）和车轮等组成。

它能够将动力电池输出的电能转换为车轮上的机械能，驱动电动汽车行驶，并能够在汽车减速制动时，将车轮的动能转化为电能充入动力电池，是电动汽车的关键组成部分。它以驾驶人的操作（主要是以加速踏板位置的操作）为输入，经过驱动系统电控的计算后，将输出转矩给定值提供给电机逆变器，最终电机逆变器根据这个给定值控制驱动电机输入功率（电流、电压），从而使电动汽车以驾驶人预期的状态行驶。

2. 纯电动汽车驱动系统的分类

根据驱动电机的不同，纯电动汽车驱动系统主要可以分为四大类，其特点和主要应用场合见表 2-2-1。

表 2-2-1 纯电动汽车驱动系统分类、特点和主要应用场合

名称	直流电机驱动系统	感应电机驱动系统	永磁无刷电机系统	开关磁阻电机驱动系统
电机类型	直流电机	感应电机	永磁电机	开关磁阻电机
优点	速度控制简单、成本低；起动转矩和制动转矩大，易于快速起动和停止；调速范围广、调速方便	结构简单、坚固、成本低；免维护、工作性能稳定、可靠性好，使用寿命长；较直流电动机效率高、体积小、质量轻；转矩脉动小、噪声小、转矩极限高、响应快；可采用空气冷却或液体冷却方式，冷却速度高；对环境的适应性好，并能实现再生反馈制动	体积小，调频范围宽、功率密度和效率高、惯性小、响应快	结构简单，使用安全可靠；低速转矩大、起动转矩高、起动电流小；转子无绕组、工作效率高、调频范围宽
缺点	重量大、体积大、可靠性差，需要定期维护；由于电刷、换向器等磨损使得效率较低	逆变器结构复杂，且容易损坏；驱动电路复杂，成本高	价格高，同时大功率的永磁电机做到体积小、质量轻很困难	开关磁阻电机有严重的转矩脉动，使电机的振动高和噪声大、非线性严重，逆变器复杂、价格高
应用场合	城市无轨电车	特斯拉	北汽 EV	景区观光车

2.2.2 北汽 EV160 纯电动汽车驱动系统

北汽 EV160 纯电动汽车的驱动系统是永磁无刷电机系统，主要由驱动电机系统和减速驱动桥总成（减速驱动桥总成是一个减速器与主减速器、差速器组合在一起的总成）组成。北汽 EV160 纯电动汽车驱动电机与减速器总成（减速驱动桥）的位置如图 2-2-2 所示，A 为驱动电机，B 为减速驱动桥总成。

图 2-2-2 驱动电机与减速驱动桥总成的位置

1. 驱动电机系统

驱动电机是纯电动汽车的三大核心部件之一,是车辆行驶的主要执行机构。其特性决定了车辆的主要性能指标,直接影响车辆动力性、经济性和用户驾乘感受。

北汽 EV160 纯电动汽车驱动电机系统由驱动电机(DM)、驱动电机控制器(MCU)构成,通过高低压线束、冷却管路,与整车其他系统作电气和散热连接,如图 2-2-3 所示。

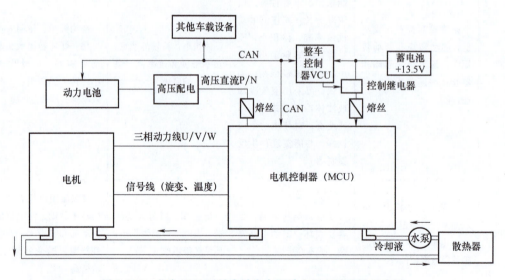

图 2-2-3 北汽 EV160 纯电动汽车驱动电机系统连接示意图

整车控制器(VCU)根据驾驶人意图发出各种指令,电机控制器响应并反馈,实时调整驱动电机输出,以实现整车的怠速、前行、倒车、停车、能量回收以及驻坡等功能。电机控制器另一个重要功能是通信和保护,实时进行状态和故障检测,保护驱动电机系统和整车安全可靠运行。

(1)**驱动电机** 北汽 EV160 纯电动汽车采用 C33DB 型永磁同步电机,是动力系统的重要执行机构,是电能与机械能转化的部件,且自身的运行状态等信息可以被采集到驱动电机控制器中。其基本参数见表 2-2-2,其结构如图 2-2-4 所示。

表 2-2-2 北汽 EV160 纯电动汽车驱动电机基本参数

类　型	永磁同步
尺寸（定子直径×总长）	245mm×280mm
性能参数	基速	2812r/min
	转速范围	0~9000r/min
	额定/峰值功率	30/53kW
	额定/峰值转矩	102/180N·m
防护等级	IP67

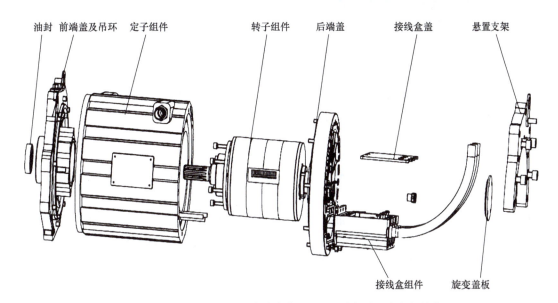

图 2-2-4　北汽 EV160 纯电动汽车 C33DB 型永磁同步电机结构

　　北汽 EV160 纯电动汽车 C33DB 型永磁同步电机依靠内置传感器来提供电机的工作信息，这些传感器包括：旋转变压器（用以检测电机转子位置，控制器解码后可以获知电机转速）、温度传感器（用以检测电机的绕组温度，控制器可以保护电机避免过热），如图 2-2-5 所示。

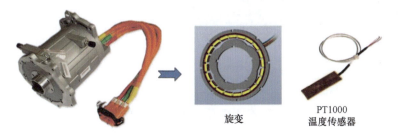

图 2-2-5　北汽 EV160 纯电动汽车 C33DB 型永磁同步电机外观及传感器

　　（2）电机控制器　C33DB 驱动电机控制器采用三相两电平电压源型逆变器，是驱动电机系统的控制中心，又称智能功率模块，以 IGBT（绝缘栅双极型晶体管）模块为核心，辅以驱动集成电路、主控集成电路，图 2-2-6 所示为 C33DB 驱动电机控制器外观及 IGBT 模块。对所有的输入信号进行处理，并将驱动电机控制系统运行状态的信息通过 CAN2.0 网络发送给整车控制器。驱动电机控制器内含故障诊断电路。当诊断出异常时，它将会激活一个故障码，发送给整车控制器，同时也会存储该故障码和数据。

图 2-2-6　C33DB 驱动电机控制器外观及 IGBT 模块

C33DB 驱动电机控制器使用以下传感器来提供驱动电机系统的工作信息：

1）电流传感器：用以检测电机工作的实际电流（包括母线电流、三相交流电流）；

2）电压传感器：用以检测供给电机控制器工作的实际电压（包括动力电池电压、12V 蓄电池电压）；

3）温度传感器：用以检测电机控制系统的工作温度（包括 IGBT 模块温度、电机控制器板载温度）。

C33DB 驱动电机系统工作原理如图 2-2-7 所示：在驱动电机系统中，驱动电机的输出动作主要是靠控制单元给定的命令执行，即控制器输出命令。电机控制器根据给定的命令将输入的直流电逆变成电压、频率可调的三相交流电，供给配套的三相交流永磁同步电机使用。

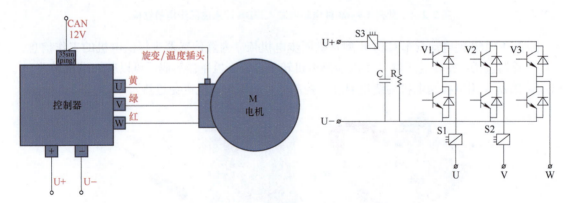

图 2-2-7　C33DB 驱动电机系统工作原理

2. 减速驱动桥总成

C33DB 驱动电机系统搭载的减速驱动桥总成型号为 EF126B02（图 2-2-8），由中国长安汽车集团股份有限公司重庆青山变速器分公司生产，其主要功能是将整车驱动电机的转速降低、转矩升高，以实现整车对驱动电机的转矩、转速需求。减速驱动桥的基本参数见表 2-2-3。

图 2-2-8　EF126B02 型减速器

表 2-2-3　EF126B02 型减速驱动桥基本参数

驱动方式		横置前轮驱动
驻车功能		无
重量		23kg（不含润滑油）
性能参数	最高输入转速	9000r/min
	转矩容量	≤260N·m
	减速比	7.793
润滑油规格		GL-4 75W-90 合成油

2.2.3　北汽 EV160 纯电动汽车冷却系统

北汽 EV160 纯电动汽车的发热部件主要有动力电池、驱动电机、电机控制器、车载充电机、DC/DC 等。这些部件产生的热量如果不能及时地散发出去，将导致车辆限转矩运行甚至损坏零部件。冷却系统的功用是保证其在要求的温度范围之内稳定高效地工作。

部分北汽 EV160 纯电动汽车的冷却系统如图 2-2-9 所示，只有驱动电机和电机控制器是水冷，其余为风冷。新款北汽 EV160 纯电动汽车的冷却系统将车载充电机、DC/DC 集成在一起采用水冷的方式。

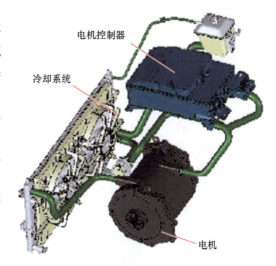

图 2-2-9　北汽 EV160 的冷却系统

2.2.4　北汽 EV160 纯电动汽车驱动系统的维护

1. 电机控制器的维护

1) 测量电机控制器低压插接件端子 24 引脚与 1 引脚之间的电压，如图 2-2-10 所示，此电压应为 9～16V。

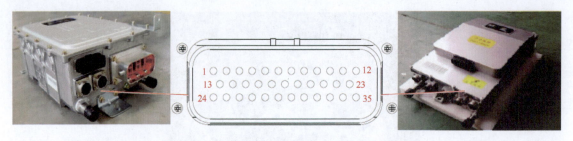

图 2-2-10　电机控制器低压插接件端子

> **注意：**
> 在进行以下作业前要先对车辆高压下电。

2）检查高压插接件是否插接牢靠。
3）对电机控制器进行表面清洁。

2. 减速驱动桥的维护

对于初次维护，减速器磨合后，建议行驶 3000km 或使用 3 个月更换润滑油，以后再进行定期维护。进行定期维护时的建议维护周期见表 2-2-4。

表 2-2-4　减速器建议维护周期

行驶里程/km	1万	2万	3万	4万	5万	6万
使用月数	6	12	18	24	30	36
维护方式	B	H	B	H	B	H

注：B 为在维护检查必要时更换润滑油，H 为更换润滑油；此维护周期适用于任何路况

减速驱动桥定期维护周期以里程表读数或使用月数判断，以先到为准。表 2-2-4 为 6 万公里以内的定期维护，超过 6 万公里按相同周期进行维护。在换油之前应先检查减速驱动桥是否漏油，对于非换油作业而举升车辆时，也应检查减速驱动桥是否漏油。

要求换润滑油为 GL-4 75W-90 合成油，持续许用温度≥140℃，油量为 1.8~2.0L。

（1）更换润滑油
1）整车下电，下电作业流程见学习单元 1.3 车间安全与环保。
2）水平举升车辆，检查减速驱动桥是否漏油，如有漏油，则查明原因并处理。
3）拆下减速驱动桥放油螺塞，排放润滑油，放油螺塞位置如图 2-2-11 所示。

图 2-2-11　加油螺塞与放油螺塞位置
A—放油螺塞　B—放油螺塞

4）在放油结束后按规定力矩（12～18N·m）拧紧。如有需要可以在放油螺塞上涂抹少量密封胶（乐泰5699平面密封硅橡胶）。

5）拆下加油螺塞，加油螺塞位置如图2-2-11所示。

6）加注润滑油，直到加油螺塞孔有油液流出，说明油位合适，停止加注。

7）按规定力矩（12～18N·m）拧紧加油螺塞。

8）用抹布擦净减速器底部润滑油。

9）试车运行一段时间后，重新检查加速驱动桥是否漏油。

(2) 减速驱动桥总成漏油及液位检查

1）整车下电，下电作业流程见学习单元1.3车间安全与环保。

2）举升车辆，检查内外侧半轴球笼防尘套（图2-2-12）有无裂纹、油污，如有则建议更换防尘套。

3）检查减速驱动桥总成是否漏油，如有漏油，则查明原因并处理。

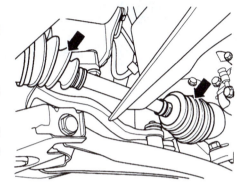

图 2-2-12　内外侧半轴球笼防尘套

4）拆下放油螺塞，检查油位。如果润滑油能从加油螺塞孔缓慢流出，说明油位正常。否则，应补充规定的润滑油，直到加油螺塞孔有油液流出为止。

2.2.5　北汽EV160纯电动汽车冷却系统的维护

1. 检查风扇及水泵是否工作正常

1）检查风扇叶片的角度和叶片数是否符合厂家的规定。

2）检查风扇叶片和散热器的距离，在正常情况下风扇叶片应有1/3左右被包在风扇罩内。

3）检查水泵工作时是否有异响。

2. 冷却液渗漏及液位检查

1）按规定进行下电操作。

2）举升车辆。

3）检查水泵（水泵在车辆底部靠近右前翼子板附近，位置如图2-2-13所示）及各水管接头有无渗漏现象；如有渗漏，则视情况进行处理。

图 2-2-13　水泵的位置

4）降下车辆。

5）检查膨胀水箱冷却液液位，如图 2-2-14 所示，液位应该在"Min"和"Max"之间并靠近"Max"。

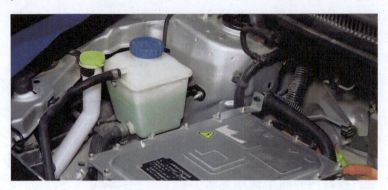

图 2-2-14　膨胀水箱冷却液液位

6）根据情况适当添加冷却液。

> 注意：加注冷却液型号为 -40℃，由于冷却液会损坏漆面，在加注时应避免冷却液泼溅到车身漆面上。冷却液有毒，应避免与眼睛、皮肤等接触。

3. 更换冷却液

冷却液建议更换频次为每两年进行一次完全更换。建议选择冰点为 -40℃ 的冷却液型号，整车加注量为风冷车载充电机车型 3.8L，水冷车载充电机车型 4.5L。建议使用专用的冷却液自动更换机进行加注。手工加注流程（不建议使用）为：

1）按规定进行下电操作。

2）缓慢拧开膨胀水箱盖（小心烫伤）。

3）举升车辆。

4）拧松冷却液排放螺栓，其位置如图 2-2-15 所示，排放冷却液。冷却液排放干净后拧紧冷却液排放螺栓。

图 2-2-15　冷却液排放螺栓位置

5）降下车辆。

6）将指定型号的冷却液从膨胀水箱加入，等液面高度位于"Min"和"Max"刻线之间时停止加注。

7）拧上膨胀水箱盖，并对其进行清洁。

8）按规定进行上电操作，并驾驶车辆行驶，试车一段时间。

9）举升车辆，并检查冷却液排放螺栓处有无渗漏。

10）降下车辆，再次检查冷却液液面高度。若高度低于最低液面，添加适量冷却液至液位接近"Max"刻线。

> 注意：
> 1）手工加注冷却液可能会导致实际加入量低于标准值，因为在此过程中，存在于驱动电机及控制器中的冷却液无法彻底排除。
> 2）车辆在冬季或其他寒冷季节在加注完冷却液后要对其冰点进行测试，保证冷却系统中冷却液冰点能满足使用要求。

4. 冷却液冰点测试

（1）冰点测试仪调零

1）将冰点测试仪（图2-2-16）前部对准光亮的方向，用调节手轮调节目镜的折光度，直到能看到清楚的刻度。

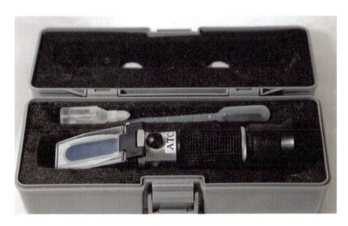

图2-2-16 冰点测试仪

2）打开盖板，在棱镜的表面滴一、两滴蒸馏水，盖上盖板并轻轻压平。

3）调节调节螺钉，使得明暗分界线和零刻度线一致。

（2）测试冷却液冰点

1）打开冰点测试仪盖板，将棱镜表面和盖板上的水分用纱布擦拭干净。

2）打开膨胀水箱盖，并吸取少许冷却液。

3）滴一到两滴冷却液到棱镜表面上，盖上盖板并轻轻压平。

4）从明暗分界线的刻度上读出数值，该数值就是冷却液的冰点。

5）测量完成后，将棱镜和盖板表面上的液体擦干净，等棱镜和盖板表面变干后，将冰点测试仪收好。

6）盖上膨胀水箱盖。

 单元小结

1. 北汽EV160纯电动汽车的驱动系统是永磁无刷电机系统，主要由驱动电机系统和减速驱动桥总成（减速驱动桥总成是一个减速器与主减速器、差速器组合在一起的总成）组成。

2. 北汽EV160纯电动汽车的驱动电机系统由驱动电机（DM）、驱动电机控制器（MCU）构成，通过高低压线束、冷却管路，与整车其他系统作电气和散热连接。

3. 减速驱动桥的初次维护，是在减速器磨合后，建议行驶3000km或使用3个月更换润滑油，以后再进行定期维护。定期维护时每2万公里更换一次润滑油，型号为GL-4 75W-90合成油。

任务工单 2.2

任务名称	驱动及冷却系统维护与保养		学时	4	班级	
学生姓名			学生学号		任务成绩	
实训设备、工具及仪器	多媒体教学设备 1 套，北汽 EV160 纯电动汽车 4 辆，车间安全用具 4 套，个人安全防护用具 4 套、冰点测试仪 4 个、驱动桥油加注器 4 个。		实训场地	理实一体化教室	日期	
客户任务描述	一辆北汽 EV160 纯电动汽车，距离下次维护还有 200km，现在要进行驱动及冷却系统维护。					
任务目的	能够正确、规范地对纯电动汽车进行更换减速驱动桥油及更换冷却液作业。					

一、资讯

1. 纯电动汽车驱动系统主要由、_____、_____、_____各种传感器（加速踏板位置传感器、制动踏板开关、方向盘转角传感器等）、机械传动装置（变速器和差速器）和车轮等组成。
2. 纯电动汽车驱动系统能够将_____输出的电能转换为车轮上的_____，驱动电动汽车行驶，并能够在汽车减速制动时，将车轮的动能转化为_____充入_____。
3. 根据驱动电机的不同，纯电动汽车驱动系统主要可以分为四大类，分别是_____、感应电机驱动系统、_____和_____。
4. 北汽 EV160 纯电动汽车的驱动系统是_____电机系统，主要由_____和减速驱动桥总成（减速驱动桥总成是一个_____组合在一起的总成）组成。
5. 北汽 EV160 纯电动汽车的驱动电机系统由_____（DM）、_____（MCU）构成，通过高低压线束、_____，与整车其他系统作电气和散热连接。

二、计划与决策

请根据任务要求，确定所需要的检测仪器、工具，并对小组成员进行合理分工，制订详细的工作计划。

1. 需要的检测仪器、工具

2. 小组成员分工

3. 计划

三、实施

1. 减速驱动桥的维护保养

更换润滑油：

整车下电，下电作业流程见学习单元 1.3 车间安全与环保。

水平举升车辆，检查_____。

拆下减速驱动桥_____，排放润滑油。
在放油结束后按规定力矩（_____）拧紧。如有需要可以在放油螺塞上涂抹少量密封胶。
拆下加油螺塞。
加注润滑油，直到_____，说明油位合适，停止加注。
按规定力矩（_____）拧紧加油螺塞。
用抹布擦净减速器底部润滑油。
试车运行一段时间后，重新检查加速驱动桥_____。
2. 更换冷却液
冷却液建议更换频次为每_____进行一次完全更换。冷却液型号为_____，整车加注量为风冷车载充电机车型3.8L，水冷车载充电机车型4.5L。建议使用专用的冷却液自动更换机进行加注。手工加注流程（不建议使用）为：
1）按规定进行下电操作。
2）缓慢拧开膨胀水箱盖（小心烫伤）。
3）举升车辆。
4）拧松冷却液排放螺栓排放冷却液，其位置_____。冷却液排放干净后拧紧冷却液排放螺栓。
5）降下车辆。
6）将指定型号的冷却液从膨胀水箱加入，等液面高度位于_____时停止加注。
7）拧上膨胀水箱盖，并对其进行清洁。
8）按规定进行上电操作，并驾驶车辆行驶，试车一段时间。
9）举升车辆，并检查_____有无渗漏。
10）降下车辆，再次检查冷却液液面高度。若高度低于_____，添加适量冷却液至液位_____。
注意：
1）手工加注冷却液可能会导致实际加入量低于标准值，因为在此过程中，存在于驱动电机及控制器中的冷却液无法彻底排除。
2）车辆在冬季或其他寒冷季节在加注完冷却液后要_____，保证冷却系统中_____能满足使用要求。

四、检查
1. 检查减速驱动桥润滑油液位是否合适：_____。
2. 检查检查减速驱动桥是否有漏油：_____。
3. 检查冷却液液位是否合适：_____。

五、评估
1. 请根据自己任务完成的情况，对自己的工作进行自我评估，并提出改进意见。
1）_____
_____。
2）_____
_____。
3）_____
_____。
2. 工单成绩（总分为自我评价、组长评价和教师评价得分值的平均值）

自我评价	组长评价	教师评价	总分

学习单元 2.3 纯电动汽车底盘维护与保养

任务导入

小王在某新能源汽车4S店实习,今天带队师傅告诉他要对某品牌纯电动汽车进行制动液更换作业,你知道更换制动液要如何进行吗?对其更换时有什么注意事项吗?

学习目标

1. 能快速找到转向系统各零部件的安装位置。
2. 能快速找到行驶系统各零部件的安装位置。
3. 能快速找到制动系统各零部件的安装位置。
4. 能正确快速地对转向系统机械部分进行维护作业。
5. 能正确快速地对行驶系统进行维护作业。
6. 能正确地对制动真空系统进行检漏作业。
7. 能正确地进行制动液更换作业。

理论知识

纯电动汽车底盘主要包括转向系统、制动系统和行驶系统。其中转向系统关系到汽车的操纵稳定性,制动系统直接关系到汽车的制动性,它们都是汽车主动安全的重要评价指标,因而通过维护将其保持在良好的工作状态有助于保证汽车行驶的安全性。行驶系统主要关系到行驶的平顺性,表现在乘员感觉的舒适程度上。在追求安全、舒适的今天,对底盘的维护是非常必要的。

2.3.1 北汽EV160纯电动汽车转向系统

北汽EV160纯电动汽车采用的是电动助力转向系统(EPS),如图2-3-1所示,是由转矩传感器、齿轮齿条式转向器、助力电机总成和电子控制单元等组成。

安装在转向器上的助力电机总成由一个蜗轮蜗杆减速机构和一个直流电机组成。转矩传感器由两个带孔圆环、线圈及电路板组成,它检测方向盘上操作力的大小和方向信号,并把它们转化成电信号,传递到EPS电子控制单元。

电子控制单元根据各传感器输出的信号计算所需的转向助力,并通过功率放大模块控制助力电机的转动,通过减速机构降速增扭后驱动齿轮齿条机构产生相应的转向运动。

2.3.2 北汽EV160纯电动汽车行驶系统

北汽EV160纯电动汽车的前悬架为麦弗逊式独立悬架,如图2-3-2所示,它由螺旋弹簧、减振器、下摆臂和横向稳定杆组成,其具有结构紧凑、车轮跳动时前轮定位参数变化小、有良好的操纵稳定性等优点。

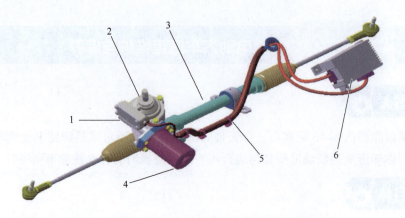

图 2-3-1　北汽 EV160 纯电动汽车电动助力转向系统
1—转矩传感器　2—蜗轮蜗杆减速机构　3—齿轮齿条式转向器　4—助力电机总成　5—线束　6—电子控制单元

图 2-3-2　北汽 EV160 纯电动汽车的前悬架系统
A—弹簧　B—减振器　C—横向稳定杆　D—下摆臂

　　EV160 纯电动汽车的后悬架为纵臂扭转梁式独立悬架，由螺旋弹簧、减振器、纵臂和扭力梁组成，其具有结构简单、重量轻，占用空间小，直线行驶稳定性好的优点。
　　前后轮以及备胎采用的都是型号为 185/65R14 86H 的子午线轮胎，如图 2-3-3 所示，其标准胎压为 0.23MPa。

图 2-3-3　北汽 EV160 纯电动汽车的轮胎

2.3.3 北汽 EV160 纯电动汽车制动系统

北汽 EV160 纯电动汽车的制动系统为电动真空助力系统，其助力系统如图 2-3-4 所示。

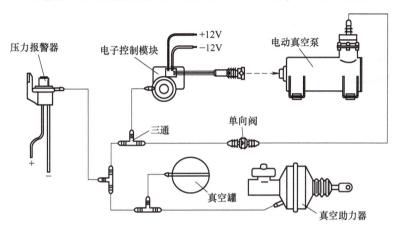

图 2-3-4 北汽 EV160 纯电动汽车的电动真空助力系统

北汽 EV160 纯电动汽车的制动系统主要由制动器、ABS 控制器、真空助力器、电动真空泵、真空罐和制动管路等组成。此制动系统采用的制动器是"前盘后鼓式"的结构，在保证了制动效能的前提下，降低了使用成本。制动系统的主要参数见表 2-3-1。

表 2-3-1 制动系统主要参数

	制动器形式	浮动钳通风盘式
	制动盘有效半径	104mm
前制动器参数	摩擦因数	0.38
	轮缸直径	54mm
	制动摩擦片面积	8000mm^2
	制动器形式	领从蹄鼓式
	制动鼓内径	228.6mm
后制动器	制动蹄片包角	110°
	制动蹄片宽度	45mm
	制动轮缸直径	20.64mm
	真空助力器规格	9 英寸单膜片[①]
真空助力器及制动主缸	主缸内径	22.22mm
	主缸行程	18mm + 18mm
	助力比	5.0
制动踏板	杠杆比	3.4
	行程	120mm
驻车制动器	驻车制动拉臂杠杆比	5.6
	驻车制动手柄杠杆比	7.1

① 1 英寸 = 25.4mm

电动真空助力系统的真空度控制原理是：当驾驶人起动汽车时，只要 12V 电源接通，电子控制系统模块就开始自检，如果真空罐内的真空度小于设定值，真空压力传感器输出相应电压至控制器，控制器控制电动真空泵开始工作，当真空度达到设定值后，真空压力传感器输出相应电压至控制器，控制器控制电动真空泵停止工作；当真空罐中真空度因制动消耗而小于设定值时，电动真空泵再次开始工作，如此循环。

2.3.4　北汽 EV160 纯电动汽车转向系统维护

纯电动汽车的转向系统与传统汽车的转向系统有较大不同，主要表现在其助力系统中。传统汽车的转向助力系统通常采用液压助力，动力的来源是发动机；而纯电动汽车没有发动起，动力源是电池，所以转向助力系统采用的是电动助力。因此，纯电动汽车转向系统维护的内容相对于传统汽车有所减少，主要是转向系统机械部分的维护。

1. 方向盘的检查维护

方向盘在转向中起到控制方向的作用，出现故障会产生严重的安全事故。方向盘的维护内容主要是其自由行程的检查。自由行程过大会使车辆行驶跑偏、方向盘抖动等，因此会影响到正常行驶。

2. 转向系统基础检查维护

转向系统基础检查维护主要是检查各个连接处是否牢固，各防尘套是否开裂等。

1）检查转向管柱万向节固定螺栓（其位置如图 2-3-5 所示）力矩，标准力矩为 30N·m。

2）检查转向管柱防尘套有无松脱、老化，如有则视情况处理。

3）检查转向器固定螺栓有无松动。

4）检查转向横拉杆防尘套是否有开裂、漏油等，如果有则更换。

3. 转向横拉杆球头检查

1）检查转向横拉杆球头及球头固定螺母开口销，如图 2-3-6 所示。

图 2-3-5　转向管柱万向节固定螺栓

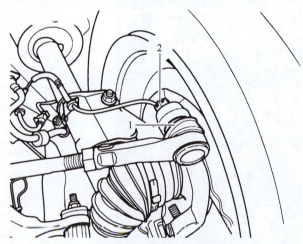

图 2-3-6　转向横拉杆球头及球头固定螺母
1—转向横拉杆球头　2—球头固定螺母

2）通过摆动车轮和转向横拉杆来检查转向横拉杆球头间隙，如果有松旷则更换转向横拉杆球头。

2.3.5 北汽 EV160 纯电动汽车行驶系统维护

北汽 EV160 纯电动汽车行驶系统维护内容主要包括：前后悬架减振效果及使用情况检查，轮胎检查。

1. 前悬架检查

（1）前悬架减振效果检查

1）打开机舱盖，安装翼子板布和格栅布。
2）用力按下前保险杠然后松开，如果车轮有 2~3 次跳动，说明减振器工作良好。
3）举升车辆，用手感觉减振器温度。正常情况下，汽车连续行驶一段时间后，减振器应该发热。

（2）前悬架使用状况检查

1）检查减振器有无漏油，如果有漏油则更换减振器。
2）检查减振器防尘套，如果损坏则更换防尘套。
3）检查减振弹簧，如果损坏则更换弹簧。
4）检查弹簧座胶套，如果损坏则予以更换。
5）检查下摆臂球头、胶套，如果损坏则予以更换，下摆臂球头、胶套如图 2-3-7 所示。
6）检查横向稳定杆胶套，如果损坏则予以更换，横向稳定杆胶套如图 2-3-7 所示。

图 2-3-7　下摆臂球头、胶套及横向稳定杆胶套位置

7）降下车辆，取下翼子板布和格栅布并关闭机舱盖。

2. 后悬架检查

（1）后悬架减振效果检查

1）打开行李箱。
2）用力按下后保险杠然后松开，如果车轮有 2~3 次跳动，说明减振器工作良好。
3）举升车辆，用手感觉减振器温度。正常情况下，汽车连续行驶一段时间后，减振器应该发热。

（2）后悬架使用状况检查

1）检查减振器有无漏油，如果有漏油则更换减振器。
2）检查减振器防尘套，如果损坏则更换防尘套。
3）检查减振弹簧，如果损坏则更换弹簧。

4）检查减振器胶套，如果损坏则予以更换。

5）检查弹簧座胶套，如果损坏则予以更换。

6）降下车辆，关闭行李箱。

3. 轮胎检查

1）举升车辆。

2）检查轮胎有无鼓包，如有鼓包则需更换轮胎。

3）检查胎面老化，如果轮胎表面普遍出现裂纹，则需要更换轮胎。

4）检查胎面磨损程度，若胎面磨损至磨损标志，则需更换轮胎。

5）检查轮胎有无偏磨（偏磨现象如图2-3-8所示），如有偏磨则需检查四轮定位。

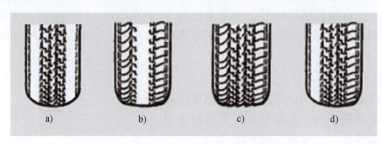

图2-3-8 轮胎偏磨示意图

a）双肩磨损 b）中间磨损 c）磨边磨损 d）单肩磨损

6）检查轮胎表面有无嵌入或刺入异物，如有嵌入异物则清理，如有刺入异物则需补胎或更换轮胎。

7）检查气门嘴帽有无缺失。

8）用胎压表检查胎压，应为230kPa。

9）如果胎压过高，则进行放气，放到230kPa。

10）如果胎压过低，则用气泵加到230kPa。

11）降下车辆。

2.3.6 北汽EV160纯电动汽车制动系统维护

制动系统的维护，主要集中在查看制动总泵储液罐的液面高度是否符合要求、制动踏板的自由行程是否正常、制动真空泵管路是否松动、制动真空系统是否漏气、制动摩擦片是否能保证一个维护周期及驻车制动器手柄拉起的齿数。

1. 制动真空系统检查

制动真空系统检查需要两个人协助进行，因此在作业过程中应注意遵守操作规程，避免发生事故。

1）维修工乙进入驾驶室后，维修工甲举升车辆。

2）维修工乙将点火钥匙置于ON位，并连续3次完全踩下制动踏板。

3）维修工甲观察制动真空泵（真空泵及真空罐位置如图2-3-9所示）工作情况，并记录制动真空泵启动时刻。如果不能正常启动，则进行相应的维修作业。

4）从制动真空泵启动到真空罐内真空度应达到设定值应不超过10s，当真空罐内真空

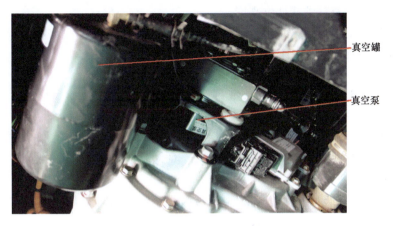

图 2-3-9 真空泵及真空罐位置

度应达到设定值时电动真空泵停止工作。如果电动真空泵启动 10s 后仍然工作,说明制动真空系统有漏气故障,需进行相应的维修作业。

5)维修工乙连续踩动制动踏板,使制动真空泵运转 5min。

6)维修工甲检查真空泵有无异响、异味,各连接线和插接件有无变形发热。如果有上述现象则可能是真空泵内部严重磨损。

7)维修工甲降下车辆。

2. 前轮制动摩擦片的更换

如果检查发现前轮制动摩擦片磨损严重,则应建议客户进行更换。其作业流程为:

1)松开车轮固定螺栓。

2)举升车辆至合适的高度,拆下车轮固定螺栓,拆下车轮。

3)举升车辆至某一较高高度,并锁止。

4)松开两个制动钳滑销螺栓。

5)旋转制动钳,取下摩擦片。如果制动钳与摩擦片之间间隙过小,则应用相应工具将制动轮缸活塞轻轻推入制动轮缸中。在此过程中不要用力过猛,防止活塞密封圈漏油。

6)安装摩擦片,旋转制动钳到安装位置,安装制动钳滑销螺栓。

7)用扭力扳手将螺栓拧到规定力矩。

8)降下车辆至合适位置,安装车轮及车轮固定螺栓。

9)拧紧车轮固定螺栓。

10)降下车辆,按规定力矩拧紧车轮固定螺栓,拧紧力矩为 110N·m。

3. 更换制动液

北汽 EV160 纯电动汽车用的制动液型号为 DOT4,不同型号的制动液不能混用。更换制动液的步骤为:

1)打开车门,安装三件套。

2)打开机舱盖,安装翼子板布及前格栅布。

3)打开制动液储液罐加注口并取出滤网。

4)清洁吸液管路表面后将抽吸机软管插入制动液储液罐。

5)按下制动液抽吸机开关,将储液罐里制动液抽出。

6）补充新制动液至储液罐适宜高度。

7）将适量 DOT4 型制动液加入加注灌⊖。

8）安装制动液加注罐。

9）举升车辆。

10）取下右后制动分泵放油口防尘罩。

11）将放油扳手套在制动分泵放油螺栓上。

12）将放油口插接器插入制动液抽吸机软管。

13）将吸液管路连接到制动分泵放油口上。

14）拧松放油口螺栓。

15）按下制动液抽吸机开关，将旧制动液吸出，此时吸液管路呈黄色或浑浊的颜色，当看到有接近透明的新制动液流出时即可。

16）拧紧放油口螺栓至规定力矩。

17）将插接器与制动分泵放油口分离，取下放油扳手。

18）关闭制动液抽吸机开关。

19）安装右后制动分泵放油口防尘罩。

用同样的方法更换其余三个车轮制动管路中的制动液。

20）降下车辆。

21）踩下制动踏板数次，应感觉制动踏板沉重。如果感觉不沉重则说明制动系统有空气，需要重复上述过程排气。

22）举升车辆。

23）检查各轮制动分泵放油口有无漏油，如果有漏油则视情况处理。

24）降下车辆。

25）取下制动液加注罐。

26）安装储液罐滤网、储液罐加注口盖。

27）取下翼子板布及前格栅布，关闭机舱盖。

28）取下三件套。

单元小结

1. 北汽 EV160 纯电动汽车采用的是电动助力转向系统（EPS），由转矩传感器、齿轮齿条式转向器、助力电机总成和电子控制单元等组成。

2. 北汽 EV160 纯电动汽车的前悬架为麦弗逊式独立悬架，由螺旋弹簧、减振器、下摆臂和横向稳定杆组成。后悬架为纵臂扭转梁式独立悬架，由螺旋弹簧、减振器、纵臂和扭力梁组成。

3. 北汽 EV160 纯电动汽车的制动系统为电动真空助力系统，主要由制动器、ABS 控制器、真空助力器、电动真空泵、真空罐和制动管路等组成。此制动系统采用的制动器是"前盘后鼓式"的结构，在保证了制动效能的前提下，降低了使用成本。

⊖ 如果没有制动液加注罐时，更换完右后轮制动液后，需降下车辆进行补充制动液，然后按左后、右前、左前的顺序进行更换制动液，而且每更换一个车轮都要降下车辆补充制动液。

任务工单 2.3

任务名称	纯电动汽车底盘的维护与保养	学时	4	班级	
学生姓名		学生学号		任务成绩	
实训设备、工具及仪器	多媒体教学设备 1 套、北汽 EV160 纯电动汽车 4 辆，车间安全用具 4 套，个人安全防护用具 4 套，制动液抽吸机 4 个。	实训场地	理实一体化教室	日期	
客户任务描述	一辆北汽 EV160 纯电动汽车，距离下次维护还有 200km，现在要进行底盘的维护与保养。				
任务目的	能够正确、规范地对纯电动汽车进行制动真空系统漏气检查、更换制动液作业。				

一、资讯

1. 北汽 EV160 纯电动汽车采用的是_____，由、_____、_____助力电机总成、_____等组成。

2. 北汽 EV160 纯电动汽车的前悬架为_____，由_____、_____、_____和横向稳定杆组成。后悬架为_____，由螺旋弹簧、减振器、_____和_____组成。

3. 北汽 EV160 纯电动汽车的前后轮以及备胎采用的都是型号为_____，结构形式为_____，其标准胎压为_____。

4. 北汽 EV160 纯电动汽车的制动系统为_____，主要由_____、ABS 控制器、_____、_____、_____和制动管路等组成。此制动系统采用的制动器是_____的结构，在保证了制动效能的前提下，降低了使用成本。

5. 北汽 EV160 纯电动汽车制动系统的维护，主要集中在查看_____的液面高度是否符合要求、制动踏板的自由行程是否正常、制动真空泵管路是否松动、_____、_____及驻车制动器手柄拉起的齿数。

二、计划与决策

请根据任务要求，确定所需要的检测仪器、工具，并对小组成员进行合理分工，制订详细的工作计划。
1. 需要的检测仪器、工具

2. 小组成员分工

3. 计划

三、实施

1. 前悬架检查
（1）前悬架减振效果检查
1）打开机舱盖，安装翼子板布和格栅布。

2）用力按下前保险杠然后松开，车轮有_____次跳动，说明减振器_____。
3）举升车辆，用手感觉减振器温度。正常情况下，汽车连续行驶一段时间后，减振器应该发热。
（2）前悬架使用状况检查
1）检查减振器是否漏油。　　　　　　　　　　　　是□　否□　处理措施：_____。
2）检查减振器防尘套是否损坏。　　　　　　　　　是□　否□　处理措施：_____。
3）检查减振弹簧是否损坏。　　　　　　　　　　　是□　否□　处理措施：_____。
4）检查弹簧座胶套是否损坏。　　　　　　　　　　是□　否□　处理措施：_____。
5）检查下摆臂球头、胶套是否损坏。　　　　　　　是□　否□　处理措施：_____。
6）检查横向稳定杆胶套是否损坏。　　　　　　　　是□　否□　处理措施：_____。
7）降下车辆，取下翼子板布和格栅布并关闭机舱盖。

2. 检查轮胎
1）举升车辆。
2）检查轮胎是否有鼓包。　　　　　　　　　　　　是□　否□　处理措施：_____。
3）检查胎面老化，轮胎表面是否普遍出现裂纹。　　是□　否□　处理措施：_____。
4）检查胎面磨损程度，胎面是否磨损至磨损标志。　是□　否□　处理措施：_____。
5）检查轮胎是否有偏磨。
6）检查轮胎表面有无嵌入或刺入异物，如有嵌入异物则_____，如有刺入异物则_____。
7）检查气门嘴帽是否缺失。　　是□　否□　处理措施：_____。
8）用胎压表检查胎压，读数为_____，标准胎压为_____，处理措施_____。

3. 制动真空系统检查
制动真空系统检查需要两个人协助进行，因此在作业过程中应注意遵守操作规程，避免发生事故。
1）维修工乙进入驾驶室后，维修工甲举升车辆。
2）维修工乙将点火钥匙置于ON位并连续_____次完全踩下制动踏板。
3）维修工甲检查制动真空泵是否能正常启动。　是□　否□　处理措施：_____。
4）记录从制动真空泵启动到真电动真空泵停止工作时间，时间为_____s。正常情况下电动真空泵持续工作应少于_____s。
5）维修工乙连续踩动制动踏板，使制动真空泵运转_____min。
6）维修工甲检查真空泵是否有异响、异味，各连接线和插接件是否有变形发热。是□　否□　处理措施：_____。
7）维修工甲降下车辆。

4. 更换制动液
北汽EV160纯电动汽车用的制动液型号为_____，不同型号的制动液不能混用。更换制动液的步骤为：
1）打开车门，安装三件套。
2）打开机舱盖，安装翼子板布及前格栅布。
3）打开制动液储液罐加注口并取出_____。
4）清洁吸液管路表面后将抽吸机软管插入制动液储液罐。
5）按下制动液抽吸机开关，将储液罐里制动液抽出。
6）补充新制动液至储液罐适宜高度。
7）将适量DOT4型制动液加入加注灌。
8）安装制动液加注罐。
9）举升车辆。
10）取下右后制动分泵放油口_____。
11）将放油扳手套在制动分泵放油螺栓上。
12）将放油口插接器插入制动液抽吸机软管。
13）将吸液管路连接到制动分泵放油口上。

14）拧松放油口螺栓。
15）按下制动液抽吸机开关，将旧制动液吸出，此时吸液管路呈_____的颜色，当看到有接近_____颜色的新制动液流出时即可。
16）拧紧放油口螺栓至规定力矩。
17）将插接器与制动分泵放油口分离，取下放油扳手。
18）关闭制动液抽吸机开关。
19）安装右后制动分泵放油口防尘罩。
用同样的方法更换其余三个车轮制动管路中的制动液。
20）降下车辆。
21）踩下制动踏板数次，感觉制动踏板是否沉重。是□ 否□　处理措施：_____。
22）举升车辆。
23）检查各轮制动分泵放油口有无漏油，如果有漏油则视情况处理。
24）降下车辆。
25）取下制动液加注罐。
26）安装储液罐滤网、储液罐加注口盖。
27）取下翼子板布及前格栅布，关闭机舱盖。
28）取下三件套。

四、检查

1. 用力按下前保险杠然后松开，检查车轮跳动次数：_____。
2. 用胎压表检查胎压：_____。
3. 检查制动真空泵正常启动 10s 内是否能停止工作：_____。
4. 踩下制动踏板数次，感觉制动踏板是否沉重：_____。

五、评估

1. 请根据自己任务完成的情况，对自己的工作进行自我评估，并提出改进意见。

1) _____
   _____。
2) _____
   _____。
3) _____
   _____。

2. 工单成绩（总分为自我评价、组长评价和教师评价得分值的平均值）

自我评价	组长评价	教师评价	总分

学习单元 2.4　空调系统维护与保养

小王在某新能源汽车 4S 店实习，今天带队师傅告诉他要对某品牌纯电动汽车空调系统进行维护作业，你知道纯电动汽车空调系统维护内容有哪些吗？对其进行维护时有什么注意事项吗？

1. 能迅速找到空调系统各零部件的安装位置。
2. 能正确使用空调系统。
3. 能正确检查空调系统制冷与制暖能力。
4. 能迅速更换空调滤芯。
5. 能正确规范地对电动压缩机进行绝缘测试。

空调（Air Condition，缩写为 A/C）即空气调节，是指在封闭的空间内，对空气温度、湿度、流速及空气的清洁度进行部分或全部调节的过程。汽车空调就是将车内空间的环境调整到对人体最适宜的状态，创造良好的劳动条件和工作环境，以提高驾驶人的劳动生产率和行车安全。汽车空调一般由制冷系统、取暖系统、配气系统、电气控制系统和通风与净化系统组成。

2.4.1　内燃机汽车的空调系统

1. 内燃机汽车空调制冷系统

以循环离合器膨胀阀系统（图 2-4-1）为例，内燃机汽车空调制冷主要由压缩机、冷凝器、膨胀阀、蒸发器、储液干燥器、空调压力开关、制冷管路、鼓风机和冷凝器散热风扇等部件组成，制冷剂和冷冻机油在封闭的系统中循环流动。

压缩机一般由发动机通过电磁离合器带动，当压缩机运转时，将蒸发器内的低压低温制冷剂蒸气吸入气缸，经过压缩后，形成高压高温蒸气并排入冷凝器。在冷凝器中，高压高温的制冷剂蒸气与外面的空气进行热交换，放出热量使制冷剂冷凝成高压高温液体，然后经储液干燥器干燥和过滤后流入膨胀阀。高压高温液体制冷剂经膨胀阀的节流，压力和温度急剧下降，制冷剂以低压低温的气液混合状态进入蒸发器。在蒸发器里，低压低温液体制冷剂吸取车厢内空气的热量，气化成低压低温蒸气并进入压缩机进行下一轮循环。这样，制冷剂在封闭的系统内经过压缩、冷凝、节流和蒸发四个过程，完成了一个制冷循环。

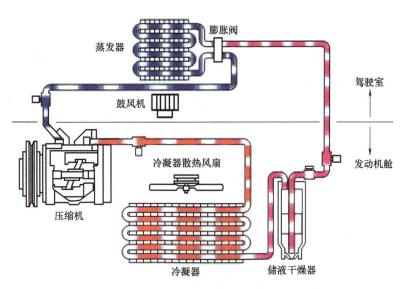

图 2-4-1 循环离合器膨胀阀制冷系统的组成

2. 内燃机汽车空调暖风系统

汽车空调暖风系统的主要作用是能与蒸发器一起将空气调节到乘员舒适的温度；在冬季向车内提供暖气，提高车内环境温度；当车上玻璃结霜和结雾时，可以输送热风用来除霜和除雾。轿车、载货汽车和小型客车多采用发动机余热水暖式取暖系统，其组成及工作原理如图 2-4-2 所示。

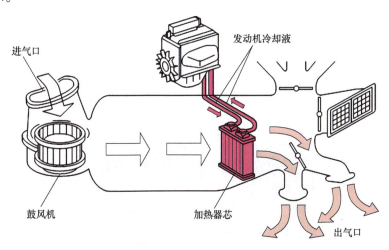

图 2-4-2 发动机余热水暖式取暖系统的组成及工作原理

该系统将温度较高的发动机冷却液引入加热器芯，由鼓风机将车厢内或车外部空气吹过加热器芯而使之升温。水阀安装在发动机缸体出水口处，通过控制水阀的开度调节水流量的大小，可调节暖风机的供热量。

3. 汽车空调配气系统

汽车空调配气系统包括鼓风机、风道、风门和出风口等，风门把车外的新鲜空气引入车内，通过排风口把车内的污浊空气排出车外。

2.4.2 北汽 EV160 纯电动汽车空调系统

纯电动汽车空调系统和传统汽车的空调系统有着很大的不同，主要表现在两个方面，一是压缩机动力源；二是暖风系统热源。

传统汽车压缩机动力源自于发动机，暖风系统热源多数利用的是发动机余热；而纯电动汽车没有发动机，因此要用其他的方案进行解决。通常采用的是：压缩机由动力电池驱动，暖风系统采用辅助热源进行解决。

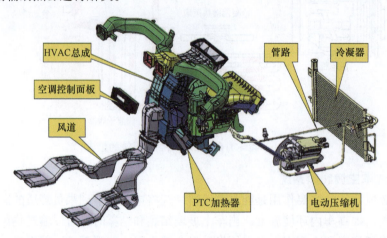

图 2-4-3 北汽 EV160 纯电动汽车空调系统组成及相对位置

1. 北汽 EV160 纯电动汽车空调制冷系统

北汽 EV160 纯电动汽车空调系统如图 2-4-3 所示，主要由电动压缩机、冷凝器、压力开关、蒸发器及膨胀阀和 PTC 加热器等组成。

空调制冷系统压缩机采用的是涡旋式压缩机，与压缩机电动机及压缩机驱动控制器集成在一起称为电动压缩机总成，如图 2-4-4 所示。

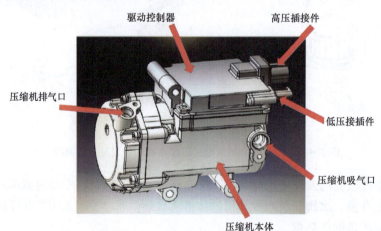

图 2-4-4 电动压缩机总成

电动压缩机总成参数见表 2-4-1。

表 2-4-1 电动压缩机参数

	类 型	直流无刷传感器电机
电机参数	工作电压	DC 220～420V
	额定电压	DC 384V
	实际功率	1000～1500W
	转速范围	1500～3500r/min
压缩机参数	类型	涡旋式
	排量	27mL/r
	制冷剂	R134a
	冷冻油	RL68H（POE68）
	最大使用制冷量	2500W
控制器参数	工作电压	DC 9～15V
	最大输入电流	500mA

2. 北汽 EV160 纯电动汽车空调暖风系统

北汽 EV160 纯电动汽车空调暖风系统的热源采用的是 PTC 加热器，如图 2-4-5 所示，是将 PTC 加热芯与散热器做成一体。北汽 EV160 纯电动汽车有一个 PTC 加热器，采用两个加热器芯来调节取暖量。

图 2-4-5 PTC 加热器总成

北汽 EV160 纯电动汽车 PTC 加热器技术要求见表 2-4-2。

表 2-4-2 北汽 EV160 纯电动汽车 PTC 加热器技术要求

项 目	技术要求	试验条件
额定输入电压	随动力电池电压	336V
额定功率	3500W	环境温度：(25±1)℃ 施加电压：DC (336±1)V 风速：4.5m/s
功率偏差率	-10%～+10%	
冷态最大起始电流	20A	环境温度：(25±1)℃ 施加电压：DC (336±1)V
单级冷态电阻	80～300Ω	在 25±1℃ 环境下，放置 >30min 后测量

3. 北汽 EV160 纯电动汽车空调配气系统

北汽 EV160 纯电动汽车空调配气系统的组成如图 2-4-6 所示，包括三部分：第一部分为空气进入段，主要由进气风门及其驱动装置组成，用来控制新鲜空气和室内循环空气的比例；第二部分为空气混合段，主要由混合风门及其驱动装置组成，用来调节空气的温度；第三部分为空气分配段，主要由模式风门及其驱动装置组成，用来调节出风方向和出风量，使空气吹向面部、脚部和风窗玻璃。

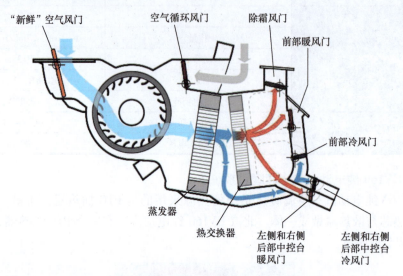

图 2-4-6　北汽 EV160 纯电动汽车空调配气系统的组成

北汽 EV160 纯电动汽车空调系统的日常维护内容主要有：检查压缩机有无异响、压缩机绝缘测试、制冷能力检查、制热能力检查、更换空调滤芯和空调系统除异味等操作。

2.4.3　北汽 EV160 纯电动汽车空调制冷系统维护

1. 检查压缩机有无异响

1）打开车门并安装三件套。

2）起动开关置于 ON 位置。

3）按下空调开关，空调开关如图 2-4-7 所示。

图 2-4-7　空调控制面板

A—空调开关按键和风量调节旋钮　B—内循环开关按键和冷热调节旋钮

4）将冷热风调节旋钮旋至最大制冷量位置，风量调节旋钮调至最大风量位置。冷热风调节旋钮和风量调节旋钮如图 2-4-7 所示。

5）将所有车门打开。

6）举升车辆并穿戴绝缘防护用具。

7）判定压缩机工作声音是否正常，可用听诊器直接放在空调压缩机上听取，若是电机及内部零件运转及摩擦声音，属工作声音正常。

> 注意：
> 1）空调压缩机是一个高压设备，在其与电源相连的任何时候接触空调压缩机，操作人员都必须采取必要的安全防护措施。
> 2）如果如发现压缩机异常应立即关闭空调系统，防止增大损坏的程度。

2. 压缩机绝缘检测

压缩机绝缘检测的步骤为：

1）按照正确规范的下电流程对车辆进行下电操作。

2）打开前机舱盖，安装翼子板布、格栅布。

3）拔下高压盒高压附件线束插接器，如图 2-4-8 所示。

4）检查绝缘手套绝缘等级及密封性。

5）佩戴绝缘手套，穿绝缘鞋。

6）将兆欧表档位旋至 500V 档，如图 2-4-9 所示。

图 2-4-8　拔下高压附件线束插接器

图 2-4-9　兆欧表档位旋至 500V 档

7）用兆欧表检测高压附件线束插头上 C 端子与车身之间的绝缘电阻（C 端子接压缩机电源正极），高压附件线束端子定义如图 2-4-10 所示。

8）用兆欧表检测高压附件线束插头上 H 端子与车身之间的绝缘电阻（H 端子接压缩机电源负极），高压附件线束端子定义如图 2-4-10 所示。

9）安装高压盒高压附件线束插头。

10）取下格栅布、翼子板布，关闭前机舱盖。

> 注意：压缩机绝缘电阻阻值为 20MΩ。当空调制冷系统有适量的冷冻油与制冷剂时，阻值应大于 5MΩ。

图 2-4-10　高压附件线束端子

A—DC/DC 电源正极　B—PTC 电源正极　C—压缩机电源正极　D—PTC-A 组负极　E—充电机电源正极
F—充电机电源负极　G—DC/DC 电源负极　H—压缩机电源负极　J—PTC-B 组负极　K—空引脚　L—互锁信号线

3. 制冷能力检查

制冷能力检查的流程为：

1）打开车门并安装三件套。
2）起动开关置于 ON 于位置。
3）按下空调开关。
4）将冷暖风调节旋钮旋至制冷位置。
5）将出风口调至最大位置。
6）检查各出风口有无冷风，并用手背感觉出风口温度。
7）关闭空调。
8）关闭起动开关并拔下钥匙。
9）取下三件套并关闭车门。

> 注意：
> 1）如果感觉出风口温度不够低，则通过歧管压力表组检测空调制冷系统压力，如果制冷剂量不足，则应建议客户进行维修。
> 2）当空调高低压侧达到平衡后，高低压侧压力应为 0.6MPa，如果空调制冷系统已经打开并运行了一段时间，则高压侧压力应为 1.3~1.5MPa，低压侧压力应为 0.25~0.3MPa。

2.4.4　EV160 纯电动汽车暖风系统维护

暖风效果检查流程为：

1）打开车门并安装三件套。
2）起动开关置于 ON 位置。
3）按下空调开关。
4）将冷暖风调节旋钮旋至暖风位置。
5）将出风口调至最大位置。

6）检查各出风口有无暖风。

7）暖风功能打开，工作几分钟之后，检查吹出的风有无焦糊味，如有焦糊味则建议客户进行维修。

8）关闭空调。

9）关闭起动开关并拔下钥匙。

10）取下三件套并关闭车门。

2.4.5 更换空调滤芯

空调滤清器的作用就是：过滤从外界进入车厢内部的空气，使空气的洁净度提高。一般的过滤物质是指空气中所包含的杂质，即微小颗粒物、花粉、细菌、工业废气和灰尘等。空调使用一段时间以后，空调滤芯上吸附了大量的污染物，此时如果不及时更换不仅起不到过滤的作用，还会成为车里的一大污染源，因此要对空调滤芯进行定期更换。北汽 EV160 纯电动汽车空调滤芯应该每 6 个月进行一次更换。

更换空调滤芯的流程为：

1）拆下空调滤芯盖板，空调滤芯盖板位于杂物箱下部，如图 2-4-11 所示。

图 2-4-11　空调滤芯盖板

2）取出空调滤芯。

3）更换新的空调滤芯。

4）安装空调滤芯。

5）安装空调滤芯盖板。

单元小结

1. 纯电动汽车空调系统和传统汽车的空调系统有着很大的不同，主要表现在两个方面，一是压缩机动力源；二是暖风系统热源。传统汽车压缩机动力源自于发动机，暖风系统热源多数利用的是发动机余热；而纯电动汽车没有发动机，因此要用其他的方案进行解决。通常采用的是：压缩机由动力电池驱动，暖风系统采用辅助热源进行解决。

2. 北汽 EV160 纯电动汽车空调制冷系统压缩机采用的是蜗旋式压缩机，与压缩机电动机及压缩机驱动控制器集成在一起称为电动压缩机总成。

3. 北汽 EV160 纯电动汽车空调系统的日常维护内容主要有：检查压缩机有无异响、压缩机绝缘测试、制冷能力检查、制热能力检查、更换空调滤芯和空调系统除异味等操作。

任务工单 2.4

任务名称	空调系统维护与保养	学时	4	班级	
学生姓名		学生学号		任务成绩	
实训设备、工具及仪器	多媒体教学设备 1 套，北汽 EV160 纯电动汽车 4 辆，车间安全用具 4 套，个人安全防护用具 8 套，兆欧表 4 个。	实训场地	理实一体化教室	日期	
客户任务描述	一辆北汽 EV160 纯电动汽车，距离下次维护还有 200km，现在要进行空调系统维护。				
任务目的	能够正确、规范地对纯电动汽车进行电动压缩机异响检查、电动压缩机绝缘测试及更换空调滤芯作业。				

一、资讯

1. 空调即空气调节，是指在封闭的空间内，对_____、_____、_____及空气的清洁度进行部分或全部调节的过程。汽车空调就是将车内空间的环境调整到对人体最适宜的状态，创造良好的劳动条件和工作环境，以提高驾驶人的劳动生产率和行车安全。汽车空调一般由、_____、_____配气系统、电气控制系统和_____组成。

2. 当压缩机运转时，将蒸发器内的_____吸入气缸，经过压缩后，形成_____并排入_____。在_____中，高压高温的制冷剂蒸气与外面的空气进行_____，放出_____使制冷剂_____，然后经储液干燥器后流入_____。高压高温液体制冷剂经_____的节流，压力和温度急剧下降，制冷剂以低压低温的_____进入蒸发器。在蒸发器里，_____吸取车厢内空气的热量，气化成低压低温蒸气并进入压缩机进行下一轮循环。这样，制冷剂在封闭的系统内经过_____、_____、节流和_____四个过程，完成了一个制冷循环。

3. 纯电动汽车空调系统和传统汽车的空调系统有着很大的不同，主要表现在两个方面，一是_____；二是_____。传统汽车压缩机动力源自于_____，暖风系统热源多数利用的是发动机余热；而纯电动汽车没有发动机，因此要用其他的方案进行解决。通常采用的是：压缩机由_____驱动，暖风系统采用进行解决。

4. 北汽 EV160 纯电动汽车空调制冷系统压缩机采用的是_____压缩机，压缩机与压缩机电机及_____集成在一起称为_____。

5. 北汽 EV160 纯电动汽车空调系统的日常维护内容主要有：_____、_____、制冷能力检查、制热能力检查、_____和空调系统除异味等操作。

二、计划与决策

请根据任务要求，确定所需要的检测仪器、工具，并对小组成员进行合理分工，制订详细的工作计划。

1. 需要的检测仪器、工具

2. 小组成员分工

3. 计划

三、实施

1. 检查压缩机异响
1）打开车门并安装三件套。
2）起动开关置于 ON 位置。
3）按下空调开关。
4）将冷热风调节旋钮旋至_____位置，风量调节旋钮调至_____位置。
5）将所有车门打开。
6）举升车辆，_____。
7）判定压缩机工作声音是否正常。是□ 否□ 处理措施：_____。

2. 压缩机绝缘测试
1）按照正确规范的下电流程对车辆进行下电操作。
2）打开前机舱盖，安装翼子板布、格栅布。
3）拔下_____线束插头。
4）检查绝缘手套绝缘等级及密封性。绝缘手套绝缘等级为：_____。
5）佩戴绝缘手套，穿绝缘鞋。
6）将兆欧表档位旋至_____档。
7）用兆欧表检测高压附件线束插头上_____与车身之间绝缘电阻。阻值为_____。
8）用兆欧表检测高压附件线束插头上_____与车身之间绝缘电阻。阻值为_____。
绝缘阻值是否符合要求？ 是□ 否□ 处理措施：_____。
9）安装_____线束插头。
10）取下格栅布、翼子板布，关闭前机舱盖。

3. 更换空调滤芯
1）拆下空调滤芯盖板，空调滤芯盖板位于_____。
2）取出空调滤芯。
3）更换新的空调滤芯。
4）安装空调滤芯。
5）_____。

四、检查

1. 检查高压盒高压附件线束是否安装到位：_____。
2. 检查压缩机绝缘电阻阻值：_____。
3. 检查电动压缩机是否有异响：_____。
4. 检查空调滤芯盖板是否安装到位：_____。

五、评估

1. 请根据自己任务完成的情况，对自己的工作进行自我评估，并提出改进意见。
1）_____
_____。
2）_____
_____。
3）_____
_____。

2. 工单成绩(总分为自我评价、组长评价和教师评价得分值的平均值)

自我评价	组长评价	教师评价	总分

学习单元 2.5 纯电动汽车车身维护与保养

小王为某新能源汽车 4S 店维修工,今天有一辆某品牌纯电动汽车进店进行维护,小王要对其车身进行维护,你知道纯电动汽车车身维护内容有哪些吗?

1. 能快速找到照明与信号指示灯的位置。
2. 能正确使用车身各低压电器。
3. 能正确对照明与信号系统进行维护作业。
4. 能正确地进行灯光调节。
5. 能正确地根据仪表盘各警告灯状态判断汽车故障类型。
6. 能正确地使用冰点测试仪检测洗涤液冰点。

2.5.1 汽车灯光系统

为了方便汽车行驶,保证行车安全,在汽车上都装有多种灯光设备,用于照明及发出信号,如图 2-5-1 所示。汽车灯光系统要可靠、实用、美观,同时还要结构合理,经济耐用,保修方便。

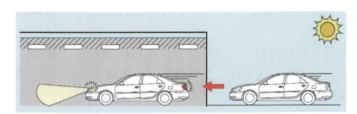

图 2-5-1 汽车灯光的作用

汽车照明与信号装置构成了汽车电路系统中一个独立的电路系统。一般轿车有 15~25 个外部照明灯和 40 多个内部照明灯。这就说明该系统在现代汽车上起着重要的作用,汽车照明与信号装置的分布如图 2-5-2 所示。

1. 汽车的灯光照明系统

汽车照明灯是汽车夜间行驶必不可少的照明设备,为了提高汽车的行驶速度、确保夜间行车的安全,汽车上装有多种照明设备。汽车照明灯根据安装位置和用途不同,一般可分为外部照明灯和内部照明灯。外部照明灯主要有前照灯、防雾灯、牌照灯等,内部照明灯主要有仪表照明灯、阅读灯、顶灯等。北汽 EV160 纯电动汽车的灯光照明系统见表 2-5-1。

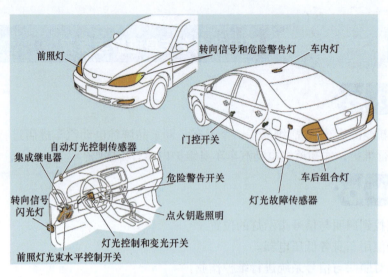

图 2-5-2 汽车照明与信号装置的分布

表 2-5-1 北汽 EV160 纯电动汽车的灯光照明系统

种类	外部照明灯			内部照明灯		
	前照灯	雾灯	牌照灯	顶灯	仪表灯	行李箱灯
工作时的特点	白色常亮（远、近光变化）	黄色或橙色单丝常亮	白色常亮	白色常亮	白色常亮	白色常亮
用途	为驾驶人安全行车提供保障	雨雪雾天保证有效照明及提供信号	用于照亮汽车尾部牌照	用于夜间车内照明	用于夜间观察仪表时的照明	用于夜间拿取行李物品时的照明

2. 汽车的灯光信号系统

汽车上除照明灯外，还有用以指示其他车辆或行人的灯光信号标志，这些灯称为信号灯。

信号灯也分为外信号灯和内信号灯，外信号灯指转向指示灯、制动灯、尾灯、示廓灯、倒车灯，内信号灯泛指仪表板的指示灯，主要有转向、机油压力、充电、制动、关门提示等仪表指示灯。北汽 EV160 纯电动汽车的灯光信号系统见表 2-5-2。

表 2-5-2 北汽 EV160 纯电动汽车的灯光信号系统

种类	外信号灯					内信号灯			
	转向灯	示廓灯	停车灯	制动灯	倒车灯	转向指示灯	READY指示灯	充电指示灯	其他指示灯
工作时的特点	琥珀色交替闪	白或黄色常亮	白或红色常亮	红色常亮	白色常亮	绿色闪亮	绿色常亮	黄色常亮	
用途	告知路人或其他车辆将转弯	标志汽车宽度轮廓	表明汽车已经停驶	表示已减速或将停车	告知路人或其他车辆将倒车	提示驾驶人车辆的行驶方向	表示上电正常	表示需要充电	提示驾驶人车辆的状态

2.5.2 汽车座椅及安全带系统

1. 汽车座椅

现代轿车已经不是一个单纯的运载工具，它已经是"人、汽车与环境"的组合体。座椅作为汽车使用者的直接支承装置，在车厢部件中具有非同小可的重要性。汽车座椅的主要功能是为驾驶人或乘客提供便于操纵、舒适、安全和不易疲劳的驾驶或乘坐座位。

(1) 座椅的调整功能　汽车座椅的调整功能，是根据人机工程学原理按不同身材的人而设置座椅的可调节性。一般来说，座椅有如下功能：座椅前后、上下调节，靠背角度调节，头枕上下调节、角度调节，坐垫深度调节，靠背腰托支撑调节，座椅整体旋转（360°/180°），座椅折叠、翻转等。座椅调节可以是手动的，也可以是电动的。

座椅还可以加载其他装置，使乘坐更加舒适。比如坐垫加热、靠背通风等，头枕还可以装备 DVD 显示屏，方便后排的乘客观看。

(2) 座椅的分类　汽车座椅的分类有多重方式。

1) 按位置分：前排座椅和后排座椅。

2) 按调节功能分：手动四向、六向、八向调节座椅；电动六向、八向调节座椅；汽车八向座椅的调节方向如图 2-5-3 所示。

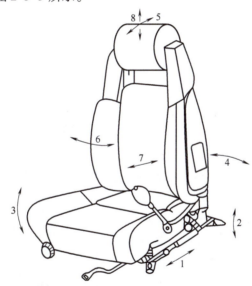

图 2-5-3　汽车八向调节座椅调节方向示意图

1—座椅前后调节　2—座椅后部上下调节　3—座椅前部上下调节　4—座椅靠背倾斜调节
5—头枕前后调节　6—侧背支撑调节　7—腰部支撑调节　8—头枕上下调节

3) 按面料分：针织面料座椅、织绒面料座椅、半真皮面料座椅及真皮面料座椅等。

当然，按强调部分的不同，座椅还有其他许多分类方法。

2. 汽车安全带

(1) 安全带的作用　安全带的作用是在车辆紧急制动或发生碰撞时，将驾驶人和乘客紧缚在座椅上，以免前冲，从而保护驾驶人和乘客避免受二次碰撞造成伤害；当安全带受到的收束力超过一定限度时，安全带就会适当放松，保证人员胸部受力在一定范围之内。

汽车事故调查表明，在发生正面撞车时，如果系了安全带，可使死亡率减少57%，侧面撞车时可减少44%，翻车时可减少80%。

(2) **安全带的工作原理** 现在大多数安全带设计成在猛拉安全带时锁定卷轴，这种设计是利用卷轴旋转的速度作为激活动力。它的核心元件是一个离心式离合器（图2-5-4），它是一种安装在旋转卷轴上的偏心式摆杆机构。当卷轴缓慢旋转时，离合器杆并不摆动，一个弹簧使它保持在原来的位置。但当猛拉安全带时，卷轴将快速旋转，离心力驱使离合器杆的加重端向外摆动。

图2-5-4 离心式离合器（锁紧装置）

甩出的离合器杆外端会推动卷收器壳上的凸轮，凸轮通过滑动销与棘爪相连。当凸轮移到左侧时，滑动销会沿棘爪的槽口移动。这会将棘爪拖入与卷轴相连的旋转棘轮，从而锁定旋转棘轮。北汽EV160纯电动汽车采用的就是这种形式的安全带。

(3) **安全带的预收紧功能** 在某些新型安全带系统中，还会使用预紧器来收紧安全带。预紧器的设计理念是：在发生碰撞时收紧安全带的任何松弛部分。卷收器的传统锁定机构使安全带无法进一步拉伸，而预紧器的作用则是拉回安全带。这种拉回力可将乘客移到座位中的最佳撞击位置。预紧器通常与传统锁定机构一起使用，而不是代替它们。

市场上有多种不同的预紧器系统。某些预紧器会将整个卷收器向后拉，某些则会旋转卷轴本身。通常，预紧器会连接到激活汽车安全气囊的中央控制处理器。处理器监控机械或电子运动传感器，这些传感器可响应因撞击产生的突然减速。当探测到撞击时，处理器将激活预紧器，然后激活安全气囊。某些预紧器采用了电机或螺线管，但当今的多数设计采用点火方式来拉入安全带，如图2-5-5所示。当燃气点燃时，压力会推动活塞上行，从而旋转卷收器。

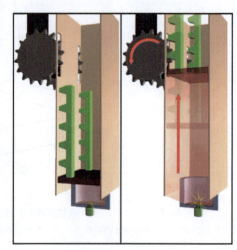

这种预紧器中的核心元件是一个燃气室。在燃气室内，还有一个包含易爆点火材料的小燃烧室。这个小燃烧室带有两个电极，并连接至中央处理器。当处理器探测到撞击时，它会立即在电

图2-5-5 点火式预紧器

极上施加一个电流。电极产生的火花将点燃点火材料，从而将燃气室中的燃气点燃。燃烧的气体会产生很大的外推力，该压力推动位于燃气室内的活塞，使其高速向上运动。活塞的一侧固定有一个齿条。当活塞弹起时，齿条将与一个连接到卷收器卷轴的齿轮啮合。高速运动的齿条会快速旋转卷轴，从而卷起安全带。

2.5.3 车身低压电气系统

车身低压电气系统主要包括刮水与洗涤系统、电动天窗、电动门锁、电动后视镜、电动喇叭、收音机及导航系统等。

1. 刮水与洗涤系统

（1）刮水系统的功用及组成　汽车刮水系统功用是刮除风窗玻璃上的雨水、积雪、尘土和污物，为驾驶人提供良好的视野，确保行车安全，如图 2-5-6 所示。汽车刮水系统可分为电动式和气动式两种，汽车普遍采用电动刮水系统。

图 2-5-6　刮水系统的功用

电动刮水系统由刮水器和控制开关组成。刮水器由刮水电动机、传动机构、控制机构和刮水片组件组成，如图 2-5-7 所示。

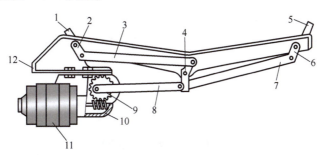

图 2-5-7　电动刮水器的结构

1、5—刮水片架　2、4、6—摆杆　3、7、8—连杆　9—蜗轮　10—蜗杆　11—刮水电动机　12—支架

（2）刮水系统的工作原理　电动机电枢轴端的蜗杆驱动装在连杆上的蜗轮，蜗轮转动带动

连杆往复运动，从而带动刮水片架上的刮水片左右摆动。蜗轮蜗杆机构有降低速度，增大转矩的作用，因为驱动橡胶刮水片在风窗玻璃表面摩擦需要很大的动力，尤其风雨较大时更是如此。

电动刮水器有高、低两种工作速度。由于电动机的转速与电源电压、电枢电阻电压降、磁通及电刷间串联导体数有关，故汽车上常采用改变磁通或电刷间串联导体数的方法，对直流电动机进行变速，如图 2-5-8 所示。

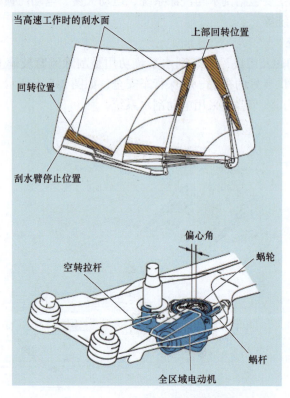

图 2-5-8　刮水系统的工作原理

（3）洗涤系统的功用及组成　为了清除附在风窗玻璃上的脏物，现代汽车上增设了风窗玻璃洗涤器，并与刮水器配合工作，保持驾驶人的良好视线，其组成如图 2-5-9 所示。

2. 喇叭的类型及作用

现代汽车上都装有喇叭，用以警告行人和车辆，保证行车安全。喇叭按发音动力不同分类，有气动和电动两种。由于电动喇叭能源获取方便、结构简单、声音洪亮、音质悦耳，故广泛应用于各种类型的车辆，如图 2-5-10 所示。

2.5.4　北汽 EV160 纯电动汽车照明与信号系统维护

北汽 EV160 纯电动汽车照明与信号系统的维护内容主要包括：检查仪表各警告灯的工作状态、检查整车灯光及前照灯调节功能和检查自动灯光功能，如果有必要还要进行手动灯光调节。

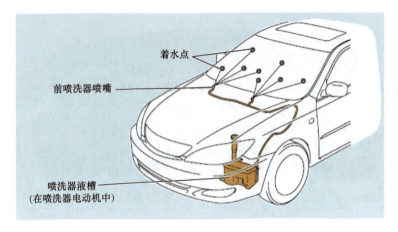

图 2-5-9　洗涤系统的组成

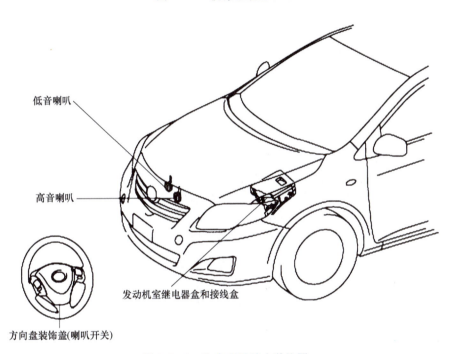

图 2-5-10　汽车喇叭的安装位置

1. 检查仪表各警告灯的工作状态

仪表各警告灯的位置及名称如图 2-5-11 所示：

1）当起动开关打到 ON 位时，驱动电机功率表表针从 0 到 100 再回到 0 进行自检；当动力输出时，指针随输出功率增大而向上偏转；当能量回馈时，指针随输入功率增大而向下偏转。

2）当起动开关打到 ON 位时，前后雾灯、示廓灯和远光指示灯会点亮自检后熄灭。

3）当起动开关打到 ON 位时，安全气囊灯会点亮自检后熄灭。

4）当车辆有故障时，在仪表盘下部会显示：跛行指示灯、蓄电池故障指示灯、电机及控制器过热指示灯、动力电池故障指示灯、动力电池断开故障指示灯、系统故障指示灯、充电提醒灯和 EPS 故障指示灯。

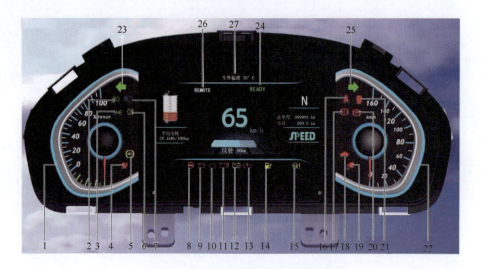

图 2-5-11 仪表各警告灯的位置及名称

1—驱动电机功率表 2—前雾灯 3—示廓灯 4—安全气囊指示灯 5—ABS 指示灯 6—后雾灯 7—远光灯
8—跛行指示灯 9—蓄电池故障指示灯 10—电机及控制器过热指示灯 11—动力电池故障指示灯
12—动力电池断开指示灯 13—系统故障 14—充电提醒灯 15—EPS 故障指示灯 16—安全带未系指示灯
17—制动故障指示灯 18—防盗指示灯 19—充电线连接指示灯 20—驻车制动指示灯 21—门开指示灯 22—车速表
23/25—左/右转向指示灯 24—READY 指示灯 26—REMOTE 指示灯 27—室外温度提示

5) 当起动开关打到 ON 位时,车速表表针从 0 到 100 再回到 0 进行自检。

6) 当驾驶人未系安全带时,安全带未系指示灯点亮。

7) 当有车门未关或没有关严时,车门开启指示灯点亮。

8) 当起动开关打到 ON 位时,制动故障指示灯点亮进行自检后熄灭。

9) 当驻车制动器拉紧或未松到位时,驻车制动器未松提示灯点亮。

10) 当转向时,左、右转向指示灯会根据方向亮起。

11) 当车辆高压上电后,READY 指示灯持续点亮。

12) 当连接充电枪时,充电连接指示灯持续点亮。

13) 当车辆充电时,车外温度提示显示车外温度。

2. 检查整车灯光及灯光调节功能

(1) 检查整车灯光 将起动开关打到 ON 位时,依次检查示廓灯(前后四个)、近光灯、远光灯、前雾灯、后雾灯、左转向灯、右转向灯、双闪和制动灯,然后打开行李箱检查行李箱灯。

(2) 检查灯光调节功能 北汽 EV160 纯电动汽车具有近光高度调节和背光亮度调节功能,调节开关位于仪表盘左侧下方,如图 2-5-12,调节开关具有四个档位,选择不同档位可调节近光的高度,数字越大,近光高度越低,通过调节该开关,可以将近光调节到合适高度。背光调

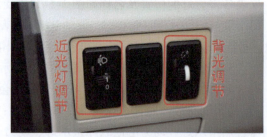

图 2-5-12 近光灯高度调节与背光调节旋钮

节可以调节车厢内所有背景灯灯光亮度。

3. 检查自动灯光功能

自动灯光功能是指：当将灯光调节开关旋至 AUTO 位置时，前照灯在黑暗环境中会自动点亮，当环境亮度变好后前照灯会自动熄灭。检查自动灯光功能的方法是：

1）将启动点火钥匙置于 ON 位置。

2）将灯光调节开关旋至 AUTO 位置。

3）检查当雨量光照传感器检测到光照较暗时，前照灯是否自动点亮，雨量光照传感器位于前风窗玻璃中间上方。

4）检查当雨量光照传感器检测到光照较亮时，前照灯是否自动熄灭。

4. 手动灯光调节

当检查到灯光自动调节功能不能将灯光调整到恰当位置时，就需要进行手动调节。手动前照灯调节螺栓的位置如图 2-5-13 所示；

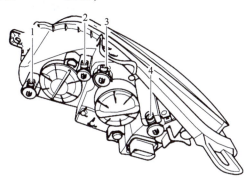

图 2-5-13　手动前照灯调节螺栓的位置

1—远光灯左右调节螺栓　2—远光灯上下调节螺栓　3—近光灯上下调节螺栓　4—近光灯左右调节螺栓

手动调节灯光的方法是：用合适的十字螺钉旋具旋转各灯光调节螺栓，从而进行灯光的左右、上下调节。

2.5.5　北汽 EV160 纯电动汽车座椅及安全带系统维护

汽车座椅及安全带系统的维护内容主要有：检查座椅调整功能、检查安全带状态、检查安全气囊外壳是否损坏等。

检查座椅调整功能及安全带状态的作业流程为：

1）打开驾驶人侧车门并安装三件套。

2）检查驾驶人座椅靠背角度调节功能、前后调节功能，座椅前后调节扳手及靠背角度调节扳手位置如图 2-5-14 所示。

3）将驾驶人侧安全带从自动回卷装置中缓慢迅速地拉出并放松，检查其回卷功能。如果安全带拉出或回卷时发生故障，则进行相应修理。

4）将驾驶人侧安全带从自动回卷装置中快速地拉出，检查其锁止功能。如果没有锁止功能，则整体更换安全带。

5）关闭驾驶人侧车门，打开左后车门。

6）检查后排座椅有无松旷。

图 2-5-14　座椅前后调节扳手及靠背角度调节扳手位置
A—座椅前后调节扳手　B—座椅靠背角度调节扳手

7）用同样的方法检查左后安全带。
8）关闭左后车门,打开右后车门。
9）检查后排座椅有无松旷。
10）用同样的方法检查右后安全带。
11）关闭右后车门,打开副驾驶侧车门。
12）检查副驾驶位座椅靠背角度调节功能、前后调节功能。
13）用同样的方法检查副驾驶位安全带。
14）关闭副驾驶侧车门。

2.5.6　北汽 EV160 纯电动汽车车身低压电器维护

北汽 EV160 纯电动汽车车身低压电器的维护内容主要包括：洗涤系统检漏与洗涤液添加、洗涤液冰点测试、刮水片检查与更换、检查各低压电器的功能。如果有必要还要进行洗涤液喷嘴调节,需要注意的是北汽 EV160 纯电动汽车前喷嘴不可调整,只能调整后喷嘴。

1. 洗涤系统检漏与洗涤液添加

洗涤系统检漏与洗涤液添加的步骤是：
1）举升车辆。
2）观察洗涤液箱有无渗漏,如有渗漏,则视情进行维修。
3）降下车辆。
4）打开机舱盖并安装翼子板布、格栅布。
5）观察洗涤液水箱液位,如果水位低于 MAX,则打开洗涤液箱盖并添加洗涤液到 MAX 处。
6）进行洗涤液冰点测试,保证洗涤液在此时的环境温度下结冰。
7）取下格栅布、翼子板布。

8）关闭机舱盖。

2. 洗涤液冰点测试

洗涤液冰点测试的步骤如下。

（1）冰点测试仪调零

1）将冰点测试仪（图2-5-15）前部对准光亮的方向，用调节手轮调节目镜的折光度，直到能看到清楚的刻度。

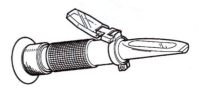

图2-5-15　冰点测试仪

2）打开冰点测试仪盖板，在棱镜的表面滴一、两滴蒸馏水，盖上盖板并轻轻压平。

3）调节调节螺钉，使得明暗分界线和零刻度线一致。

（2）测量洗涤液冰点

1）打开机舱盖并铺设翼子板布、格栅布。

2）打开冰点测试仪盖板，将棱镜表面和盖板上的水分用纱布擦拭干净。

3）打开洗涤液箱盖，用吸管取少许洗涤液。

4）滴一到两滴洗涤液到棱镜表面上，盖上盖板，轻轻压平。

5）从明暗分界线的刻度上读出数值，该数值就是洗涤液的冰点。

6）测量完成后，用布把棱镜和盖板表面上的液体擦干净。

7）等棱镜和盖板表面晾干之后，将冰点测试仪收好。

8）盖上洗涤液箱。

9）取下格栅布、翼子板布，关闭机舱盖。

3. 低压电器功能检查

车身各低压电器检查的步骤如下。

1）检查中控门锁功能：按动中控门锁开关，门锁应能正常开闭。

2）打开车门并安装三件套。

3）将起动开关置于ACC位。

4）检查电动车窗功能：按动左前门电动车窗开关，左前门电动车窗应能正常开闭；其他车窗也用此方法进行检查。

5）检查电动后视镜调整功能：当后视镜调整旋钮位于O位置时，可关闭、打开后视镜；当后视镜调整旋钮位于L位置时，可调节左侧后视镜镜面角度；当后视镜调整旋钮位于R位置时，可调节右侧后视镜镜面角度。

6）检查喇叭。

7）检查收音机及导航功能：打开中控台，检查收音机及导航能否正常使用。

8）检查前风窗玻璃刮水器，如果刮水片停留位置不正确，则应进行调整。

9）检查前风窗玻璃刮水器的雨量感应功能，雨量光照传感器位于前风窗玻璃中间上方。

10）检查后风窗玻璃刮水器，如果喷水角度不正确，则应进行调整。

11）检查天窗：将起动开关置于ON位置，检查天窗功能。如有卡滞等现象，则应对天窗滑轨进行清洁并涂抹适量润滑脂。

12）关闭起动开关并拔下车钥匙。

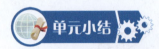单元小结

    1. 汽车照明灯根据安装位置和用途不同，一般可分为：外部照明灯、内部照明灯。外部照明灯主要有前照灯、防雾灯、牌照灯等；内部照明灯主要有仪表照明灯、阅读灯、顶灯等。

    2. 汽车信号灯分为外信号灯和内信号灯，外信号灯指转向指示灯、制动灯、尾灯、示廓灯、倒车灯，内信号灯泛指仪表板的指示灯，主要有转向、机油压力、充电、制动、关门提示等仪表指示灯。

    3. 汽车座椅的调整功能，是根据人机工程学原理按不同身材的人而设置座椅的可调节性。一般来说，座椅有如下功能：座椅前后、上下调节，靠背角度调节，头枕上下调节、角度调节，坐垫深度调节，靠背腰托支撑调节，座椅整体旋转（360°/180°），座椅折叠、翻转等。

    4. 汽车安全带的作用是在车辆紧急制动或发生碰撞时，将驾驶人和乘客紧缚在座椅上，以免前冲，从而保护驾驶人和乘客避免受二次碰撞造成伤害；当安全带受到的收束力超过一定限度时，安全带就会适当放松，保证人员胸部受力在一定范围之内。

任务工单2.5

任务名称	纯电动汽车车身的维护与保养	学时	4	班级	
学生姓名		学生学号		任务成绩	
实训设备、工具及仪器	北汽EV160纯电动汽车4辆，车间安全用具4套，个人安全防护用具4套，冰点测试仪4个。	实训场地	理实一体化教室	日期	
客户任务描述	一辆北汽EV160纯电动汽车，距离下次维护还有200km，现在要进行车身的维护。				
任务目的	能够正确检查整车灯光，能进行灯光调节，正确规范地检查座椅调节及安全带工作状况，检查洗涤液渗漏及冰点，检查车身低压电器工作情况。				

一、资讯

1. 汽车照明灯是汽车夜间行驶必不可少的照明设备，为了提高汽车的行驶速度确保夜间行车的安全，汽车上装有多种照明设备。汽车照明灯根据安装位置和用途不同，一般可分为：_____、_____。外部照明灯主要有_____、防雾灯、_____等；内部照明灯主要有_____、阅读灯、_____等。

2. 填表北汽EV160纯电动汽车的照明灯系统。

种类	外部照明灯		内部照明灯		
	前照灯	雾灯	顶灯	仪表灯	行李箱灯
工作时的特点	白色常亮（远、近光变化）				
用途			用于照亮汽车尾部牌照		

3. 汽车信号灯分为和_____，_____外信号灯指_____、_____、尾灯、_____、倒车灯，内信号灯泛指仪表板的指示灯，主要有转向、机油压力、充电、制动、关门提示等仪表指示灯。

4. 汽车座椅的调整功能，是根据人机工程学原理按不同身材的人而设置座椅的可调节性。一般来说，座椅有如下功能：_____、上下调节、_____、_____、角度调节、坐垫深度调节、_____、座椅整体旋转（360°/180°）、_____等。

5. 汽车安全带的作用是在车辆紧急制动或发生碰撞时，将驾驶人和乘客_____，以免前冲，从而保护驾驶人和乘客避免_____造成伤害；当安全带受到的收束力超过一定限度时，安全带就会_____，保证人员_____在一定范围之内。

6. 北汽EV160纯电动汽车照明与信号系统的维护内容主要包括：检查_____、_____、检查前照灯调节功能和_____，如果有必要还要进行手动灯光调节。

二、计划与决策

请根据任务要求，确定所需要的检测仪器、工具，并对小组成员进行合理分工，制订详细的工作计划。

1. 需要的检测仪器、工具

2. 小组成员分工

3. 计划

三、实施

1. 检查整车灯光及灯光调节功能

(1) 检查整车灯光　　　　现象：_____。

　　　　　　　　　　　处理措施：_____。

(2) 检查灯光调节功能

1) 近光高度调节是否正常。　　　　　　　　　　　　是□　否□

2) 背光亮度调节功能是否正常。　　　　　　　　　　是□　否□

2. 手动灯光调节

(1) 下图中前照灯调节螺栓的作用是：

1：_____，2：_____，3：_____，4：_____。

(2) 手动雾灯调节螺栓的位置在：_____。

3. 检查座椅及安全带功能

1) 检查驾驶人座椅靠背角度调节功能是否正常。是□　否□　处理措施：_____。

2) 检查驾驶人座椅前后调节功能是否正常。　　是□　否□　处理措施：_____。

3) 检查安全带回卷功能是否正常。　　　　　　是□　否□　处理措施：_____。

4) 检查安全带锁止功能是否正常。　　　　　　是□　否□　处理措施：_____。

5) 检查后排座椅是否松旷。　　　　　　　　　是□　否□　处理措施：_____。

6) 检查后排座椅安全带是否正常。　　　　　　是□　否□　处理措施：_____。

7) 检查副驾驶座椅靠背角度调节功能是否正常。是□　否□　处理措施：_____。

8) 检查副驾驶座椅前后调节功能是否正常。　　是□　否□　处理措施：_____。

4. 洗涤系统检漏与洗涤液添加

1) 举升车辆。

2) 观察洗涤液箱是否有渗漏。　　　　　　　　是□　否□　处理措施：_____。

3) 降下车辆。

4) 打开机舱盖并安装翼子板布、格栅布。

5) 观察洗涤液水箱液位，液位位于_____。

6）添加洗涤液。
5. 洗涤液冰点测试
（1）冰点测试仪调零
1）将冰点测试仪前部对准_____，用_____调节目镜的折光度，直到能看清楚的_____。
2）打开冰点测试仪盖板，在棱镜的表面滴一、两滴_____，盖上盖板并轻轻压平。
3）调节调节螺钉，使得明暗分界线和零刻度线_____。
（2）测量洗涤液冰点
1）用吸管取少许_____。
2）滴一到两滴洗涤液到_____上，盖上盖板，轻轻压平。
3）从明暗分界线的刻度上读出数值，数值为_____。
4）测量完成后，用布把棱镜和盖板表面上的液体擦干净。
5）等棱镜和盖板表面晾干之后，将冰点测试仪收好。
6. 低压电器功能检查
1）检查中控门锁功能是否正常。是□ 否□ 现象：_____。处理措施：_____。
2）打开车门并安装三件套。
3）将起动开关置于 ACC 位。
4）检查电动车窗功能是否正常。是□ 否□ 现象：_____。处理措施：_____。
5）检查电动后视镜调整功能是否正常：当后视镜调整旋钮位于_____位置时，可关闭、打开后视镜；当后视镜调整旋钮位于_____位置时，可调节左侧后视镜镜面角度；当后视镜调整旋钮位于_____位置时，可调节右侧后视镜镜面角度。是□ 否□ 现象：_____。处理措施：_____。
6）检查喇叭是否正常工作。是□ 否□ 现象：_____。处理措施：_____。
7）检查收音机能否正常使用。是□ 否□ 现象：_____。处理措施：_____。
8）检查收音机及导航能否正常使用。是□ 否□ 现象：_____。处理措施：_____。
9）检查前风窗玻璃刮水器是否正常工作。是□ 否□ 现象：_____。处理措施：_____。
10）检查后风窗玻璃刮水器及喷水角度是否正常。是□ 否□ 现象：_____。处理措施：_____。
11）将起动开关置于：_____。
12）检查天窗能否正常工作。是□ 否□ 现象：_____。处理措施：_____。

四、检查
1. 检查整车灯光：_____。
2. 检查洗涤液冰点：_____。

五、评估
1. 请根据自己任务完成的情况，对自己的工作进行自我评估，并提出改进意见。
1）_____
_____
2）_____
_____
3）_____
_____
2. 工单成绩（总分为自我评价、组长评价和教师评价得分值的平均值）

自我评价	组长评价	教师评价	总分

学习情境 2 纯电动汽车维护与保养

137

《新能源汽车维护与保养》理实一体化教室布置图

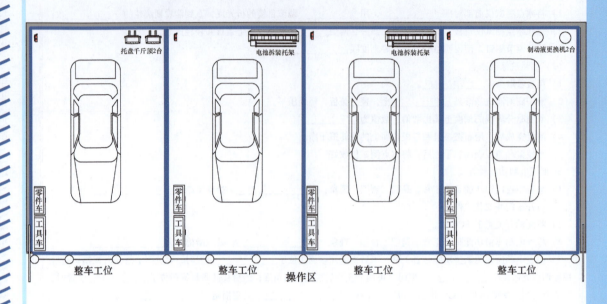
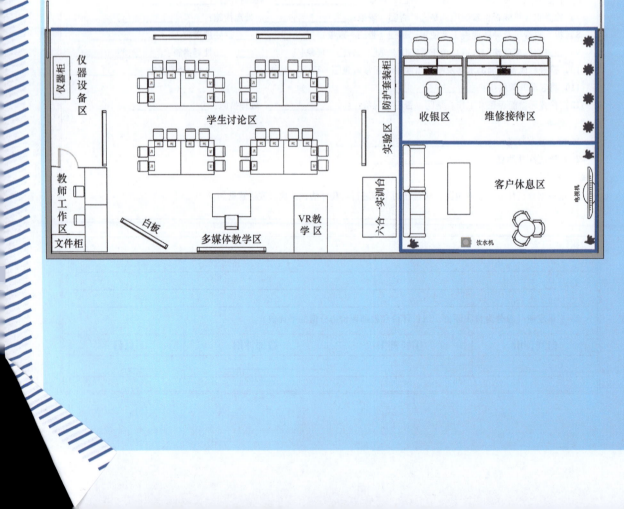

参 考 文 献

[1] 节能与新能源汽车技术路线图战略咨询委员会. 节能与新能源汽车技术路线图[M]. 北京：机械工业出版社，2016.

[2] 朱翠艳. 汽车维护保养[M]. 北京：机械工业出版社，2011.

[3] 范爱民，张晓雷. 汽车维护与保养[M]. 北京：清华大学出版社，2015.

[4] 吉武俊. 汽车维护与保养[M]. 北京：机械工业出版社，2016.

[5] 解文博. 汽车空调原理与维修[M]. 北京：电子工业出版社，2016.